おうちで作る!! デパ地下の味

Salad Cafe の
とっておきサラダ
ベストセレクション

Salad Cafe
サラダカフェ

サラダとともに
食卓をもっと楽しく

　東京、大阪で展開しているデパ地下の人気サラダショップ "Salad Cafe" は、ケンコーマヨネーズ株式会社の子会社・サラダカフェ株式会社が運営しています。ケンコーマヨネーズは、飲食店などにさまざまな業務用食品を提供している会社です。長年にわたって食のプロにレシピなども提供している「サラダのプロ」でもあり、「ごぼうサラダ」や「パンプキンサラダ」など、今では定番となったサラダの生みの親でもあります。

　本書は、そのサラダのプロがはじめてレシピを書籍にまとめた2012年発行の『Salad Cafeのとっておきサラダレシピ』『Salad Cafeのごちそう！温野菜サラダ』から、特に人気の高いメニューを厳選すると同時に、今日までの新しいメニューを加えて再編成したものです。レシピはもちろん、野菜の鮮度の見分け方や華やかな盛りつけなど、家庭でできるプロの技も併せて紹介します。

　多彩なサラダとともに、おうちのごはんが、よりおいしく、より豊かになりますように。

CONTENTS

本書掲載のサラダの基本

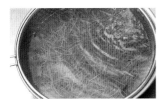

野菜は基本的に切ったあと水にさっとさらします。余分なあくが抜け、シャキッと歯応えよく仕上がります。

洗ったり、水にさらしたあとは、野菜の水気をしっかりときりましょう。味が薄まりにくく、おいしさが長持ちします。

・材料に登場するドレッシングの作り方は、付随のアイコン（▶P.20 など）が示すページをご参照ください。
・調理時間に漬け込む時間、冷蔵庫で冷やす時間は含みません。
・麺類や春雨などのゆで時間は、特に記載がない限り商品パッケージの表示通りにゆでてください。
・計量単位：大さじ1＝15cc、小さじ1＝5cc、1カップ＝200cc
・電子レンジは600W、オーブントースターは1000Wの場合の目安時間を記載していますが、調理する材料や状態、使用する機種により差が出ますので、調理の際は様子を見ながら加減してください。
・電子レンジで加熱する際は、特に記載がない限りラップをかけて加熱します。
・塩ゆでなど、下ごしらえで使用する調味料の分量は材料に含まれておりません。
・にんにく、しょうがのすりおろしはチューブのもので代用可能です。
・材料のマヨネーズは市販品を使用します。
・生クリームは乳脂肪分入りのものを使用します。

＼ 殿堂入り！ ／
Salad Cafe 人気サラダ
The BEST

Salad Cafe の魅力のひとつは、
野菜の魅力を引き出したメニューの数々。
そのなかでも特に人気を博した、
まさに「殿堂入り」のサラダを集めました。
デパ地下で大好評のあの味をおうちで再現！

野菜たっぷりポテトサラダ

じゃがいも以外の野菜もたっぷり加えた彩り豊かなサラダ。
子どもからおとなまで大好きなポテトサラダは、お店でも1番人気です。

● 材料 (4人分) | 1人分 146 kcal | 調理時間 70分

じゃがいも …… 中2個(300g)
にんじん …… 10g
きゅうり …… ¼本(25g)
パプリカ(赤) …… 3g
パプリカ(黄) …… 3g
玉ねぎ …… 10g
紫玉ねぎ …… 20g
レタス …… 1枚
グリーンリーフ …… 1枚
A ┌ 酢 …… 小さじ⅓
  └ りんごジュース …… 大さじ1
B ┌ 塩・こしょう …… 各少々
  │ マヨネーズ …… 大さじ4
  └ マスタード …… 少々
グリーンリーフ …… 適宜

● 作り方

1 じゃがいもは皮付きのまま蒸し器で竹串がすっと刺さるまで蒸す。にんじんはいちょう切りにしてゆでる。

2 きゅうりは輪切り、パプリカは細切りにする。玉ねぎ、紫玉ねぎは薄切りにして水にさらす。レタス、グリーンリーフはひと口大に切る。

3 じゃがいもが蒸しあがったら熱いうちに皮をむいてつぶし、よく混ぜた**A**を加えて混ぜ合わせる。

4 *3*によく混ぜた**B**を加えて混ぜ、*1*のにんじんと*2*を加えてざっくりと混ぜる(きゅうり、パプリカ、玉ねぎ、紫玉ねぎはトッピング用に少量取っておく)。

5 器にお好みでグリーンリーフを敷いて*4*を盛り、トッピング用のきゅうり、パプリカ、玉ねぎ、紫玉ねぎをのせる。

Point

1 皮ごと蒸して うま味を逃さない

じゃがいもは皮ごと蒸すと、うま味と風味が逃げにくく、じゃがいものおいしさがいきたサラダに仕上がります。

2 アツアツのうちに 包丁で皮むき

蒸しあがったじゃがいもは、キッチンペーパーで包むように持って包丁でむくと、簡単に皮がむけます。芽も取りやすいのでおすすめです。

3 りんごジュースが 隠し味

酢だけだと酸味が立ちすぎますが、りんごジュースのフルーティーな酸味を加えることで、さわやかで食べやすくなります。

生ハムと玉ねぎのさっぱりマリネ

玉ねぎのさわやかな辛味と生ハムのうま味が相性抜群。
特におつまみとして人気の高い本格マリネです。

●材料（4人分） 1人分316kcal 調理時間25分

玉ねぎ……1個(200g)
紫玉ねぎ……½個(75g)
レモン……½個
生ハム……20枚(100g)
A
　　塩…… 小さじ½
　　こしょう……少々
　　砂糖…… 小さじ1
　　酢…… 大さじ2
　　マスタード……少々
　　玉ねぎ(すりおろし)……大さじ1
サラダ油……½カップ
パセリ(みじん切り)……少々

●作り方

1 玉ねぎ、紫玉ねぎは薄切りにして水にさらす。レモンはいちょう切りにする。

2 Aをよく混ぜ合わせながら、サラダ油を少しずつ加えていき、白っぽくなるまで混ぜ合わせ、マリネ液を作る。

3 *2*に玉ねぎ、紫玉ねぎの⅔量を入れてあえる。

4 器に*3*と残りの玉ねぎ、紫玉ねぎ、生ハム、レモンを交互に重ねて盛り、パセリを散らす。

Point

1 水にさらして辛味を抜く

玉ねぎと紫玉ねぎは5分程水にさらします。辛味を抜くのと同時にシャキッとしたかたさをもたせ、盛りつけ時にかさ（高さ）が出るようにします。

2 マリネ液作りは粉末を先に混ぜる

マリネ液を作るときは、塩など粉末状のものを混ぜてから酢、マスタードを加えてなじませ、すりおろした玉ねぎ、サラダ油の順番に混ぜるとだまになりません。

3 空気を含ませて盛る

生ハムは空気を含ませるようにくるっと巻いて、ふんわり盛りつけ。玉ねぎと紫玉ねぎは、水にさらしただけのものとマリネしたものを交互に使うときれいです。

だしのうま味香る
和風オニスラ®ポテトサラダ

濃厚なだしのうま味と香りがクセになる!
玉ねぎのアクセントも相まってどんどん箸がすすみます。

●材料（4人分） | 1人分241kcal | 調理時間75分

玉ねぎ……1/2個（100g）
じゃがいも……中2個（300g）
A [マヨネーズ……大さじ7
 和風だし（顆粒）……小さじ1/2
 醤油……小さじ1]
和風あわせ味ドレッシング
……20g ▶ P.27
かつお節……少々
グリーンリーフ……適宜

●作り方

1 玉ねぎは薄切りにして半量を水にさらす。

2 残りの玉ねぎは1%の食塩水に10分間さらし、よく水気をきる。

3 じゃがいもは皮付きのまま蒸し器で竹串がすっと刺さるまで蒸す。蒸しあがったら、皮をむいてつぶし、粗熱を取る。

4 3に混ぜ合わせたAと2を加えて混ぜる。

5 器にお好みでグリーンリーフを敷いて4を盛り、水気をきった1をのせる。

6 ドレッシングをかけ、かつお節をのせる。

Point

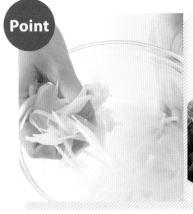

1 じゃがいもに混ぜる 玉ねぎは食塩水に

じゃがいもに混ぜ合わせる分の玉ねぎは、食塩水にさらして水分を抜きます。こうすることでサラダがベチャッとした食感になるのを防ぎます。

2 食感をいかす 玉ねぎは真水に

トッピング用の玉ねぎは、水にさらしてシャキッとさせましょう。のせたときに玉ねぎに立体感が出るのと同時に、食感のアクセントにもなります。

3 だしONだしで 濃厚なうま味に

和風だしで風味付けしたポテトサラダに、同じく和風味のドレッシングをプラス! 内と外の両側からだしの風味を入れることで、しっかりとうま味が感じられます。

½日分の緑黄色野菜と
和風ジュレのサラダ

だしの風味がジュワッと広がる緑と赤のカラフルサラダ！
野菜の甘味が引き立つひと品です。

●材料 (4人分) | 1人分104kcal | 調理時間35分

ブロッコリー …… ½株(150g)
いんげん …… 8本
オクラ …… 8本
トマト …… 2個(300g)
油揚げ …… 2枚
むき枝豆 …… 30g
水 …… 大さじ5
醤油 …… 大さじ1
砂糖 …… 小さじ1
ゼラチン(粉) …… 5g
A ┌ 白だし …… 大さじ2
  └ 水 …… 180cc
B ┌ 醤油 …… 小さじ1
  └ かつお節 …… 1.5g

●作り方

1 和風ジュレを作る。水、醤油、砂糖を混ぜ合わせ、鍋に入れて火にかける。沸騰するまで加熱したら火を止め、ゼラチンを振り入れてよく混ぜて溶かす。バットに入れて冷蔵庫で冷やし固める。

2 ブロッコリーは小房に分け、いんげんは5cm長さに切り、それぞれ塩ゆでする。オクラはゆでて斜め半分に切る。トマトは⅛のくし形切りにして半分に切る。油揚げは5mm幅の短冊状に切って熱湯を回しかけ、油抜きをする。

3 ポリエチレン袋にAを混ぜ合わせ、ブロッコリー、いんげん、オクラを入れて1時間漬け込む。

4 3の野菜を取り出し、残った液の大さじ2の分量とBを混ぜ合わせ、トマトと油揚げを入れて絡める。

5 器にすべての野菜と枝豆、油揚げを盛り、崩した1をのせる。

Point

1 野菜にしっかり
下味を付ける

それぞれの具材にだしの風味をしっかりとまとわせるのが味の決め手。だしの風味が利いた野菜と和風ジュレを組み合わせることで、味にまとまりと奥行きが出ます。

2 断面見せで
見映えよく盛る

斜めにカットしたオクラは、断面が見えるように意識して盛りつけを。緑と赤の中に断面の白色が映え、全体の色味が引きしまります。

3 崩したジュレで
キラキラ度アップ

和風ジュレを細かくクラッシュして盛りつけると宝石のようにキラキラ光ってきれい！　スプーンで崩しながら、サラダ全体にのせましょう。

ミックスフルーツサラダ

生クリーム＆練乳で甘めに仕上げたデザートサラダです。
大きくカットしたフルーツが気分を上げてくれます。

● 材料（4人分）

| 1人分 316 kcal | 調理時間 20分 |

りんご……1個（250g）
キウイフルーツ……1個
黄桃（缶詰）……120g
パイナップル（缶詰）
　　……5切れ
いちご……4個
A [マヨネーズ……大さじ5½
　　加糖練乳……大さじ2½
生クリーム……60cc

● 作り方

1 りんごは芯を取って皮ごといちょう切りに、キウイフルーツと黄桃は¼に切る。パイナップルはひと口大に切り、いちごはヘタを取って半分に切る。

2 生クリームを6~8分立てくらいに泡立て、混ぜ合わせたAを加えてさらに混ぜる。

3 2に1を入れてざっくりと混ぜ合わせる。

Salad Cafeの
ドレッシング＆ソース

食材の味を引き立てる
Salad Cafeのドレッシングやソースを
家庭でも作れるようにアレンジしました。
作り方は材料を混ぜ合わせるだけ！
プロ直伝の味でサラダの楽しみが広がります。

［ 洋風 ］

フレンチやコールスローなど、定番サラダのドレッシングが集合。
バラエティーに富んだ味の中から、お気に入りを見つけてください。

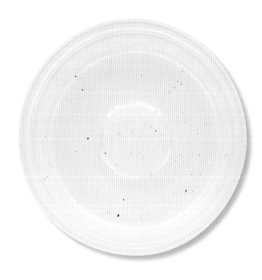

フレンチドレッシング

レモンの酸味とこしょうがアクセント。
どんな野菜にも合わせやすい定番ドレッシング。

●材料（約290g分）

サラダ油……大さじ6	塩……大さじ1
水……大さじ6	砂糖……大さじ½
酢……大さじ6	こしょう……少々
レモン汁……大さじ1	からし……少々

アレンジ!!

フレンチオニオン
ドレッシング

玉ねぎの食感とうま味をプラス。
マリネ液に使ってもおいしい！

●材料（約200g分）

フレンチドレッシング……185g
玉ねぎ（すりおろし）……大さじ1

柑橘ドレッシング

3種類の柑橘で華やかな香りに！
和風のサラダにもよく合います。

●材料（約275g分）

フレンチドレッシング……200g
グレープフルーツ（ほぐす）……2房
オレンジ（ほぐす）……2房
砂糖……大さじ1½
柚子果汁……小さじ2

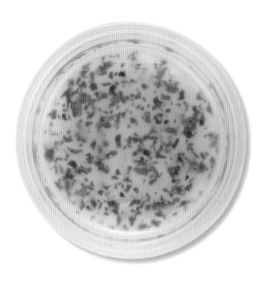

イタリアンドレッシング

シャープな酸味と玉ねぎの食感が◎。
隠し味のにんにくがアクセント。

●材料 (約150g分)

酢……大さじ3
水……大さじ3
オリーブオイル
　……大さじ1
サラダ油……大さじ1
砂糖……大さじ1

玉ねぎ(みじん切り)……大さじ1
にんにく(すりおろし)……小さじ1
塩……小さじ1
バジル(乾燥)……少々
黒こしょう(粗挽き)……少々

シーザーサラダドレッシング

チーズと黒こしょうの風味が
食欲をそそる人気の味です。

●材料 (約140g分)

マヨネーズ
　……1/2カップ
粉チーズ……大さじ2
砂糖……大さじ1
酢……小さじ2

レモン汁……小さじ1
水……小さじ1
塩……小さじ1/2
にんにく(すりおろし)……少々
黒こしょう(粗挽き)……少々

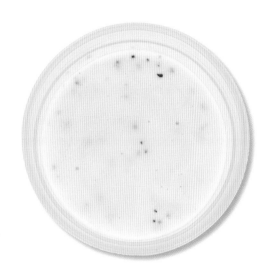

コールスロードレッシング

味の決め手はヨーグルト!
ほんのり甘く、さわやかな味わいです。

●材料 (約120g分)

プレーンヨーグルト
　……120 g
マヨネーズ
　……大さじ3

砂糖……小さじ2/3
塩……少々

Point ヨーグルトは1時間程水きりしてから使います。
水をきりすぎると、粘度が高くなりすぎるので
注意して。

［ 洋風 ］

オリーブオイルドレッシング

バルサミコ酢のフルーティーな後味が特徴。
シンプルだからこそサラダの味を引き立てます。

●材料（約80g分）

オリーブオイル 　……大さじ3	にんにく（すりおろし） 　……小さじ1½
バルサミコ酢 　……大さじ2	塩……小さじ1 こしょう……小さじ¼

バジルドレッシング

生バジルならではの風味のよさに、
粉チーズやオリーブオイルでコクもプラス。

●材料（約125g分）

バジル（みじん切り）……5枚	にんにく（すりおろし） 　……小さじ1
酢……大さじ2	粉チーズ……小さじ1
水……大さじ2	塩……小さじ1
サラダ油……大さじ2	黒こしょう（粗挽き） 　……少々
オリーブオイル……大さじ1	
砂糖……小さじ2	
レモン汁……小さじ1	

Point バジルの風味が飛びやすいので、作った
日のうちに使い切るのがおすすめです。

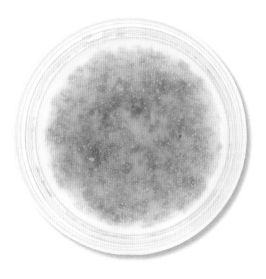

ヨーグルトドレッシング

さわやかな酸味とほのかな甘味で
野菜にもフルーツにも相性抜群！

●材料（約85g分）

プレーンヨーグルト 　……大さじ4	オリーブオイル……大さじ½ レモン汁……小さじ2
はちみつ……大さじ½	塩……少々

マヨネーズ

みんなが好きな万能ソース・手作りマヨネーズに挑戦！

●材料 (約225g分)

卵黄……1個	からし……小さじ1
サラダ油……1カップ	塩……小さじ½
酢……大さじ1½	

Point 卵黄、塩、からしを混ぜたあと、混ぜながら酢を加え、最後にサラダ油を少しずつ加えると分離しにくくなります。

タルタルソース

シャキシャキとした玉ねぎとゆで卵のコクがおいしさの決め手。

●材料 (約225g分)

ゆで卵(みじん切り)……2個	きゅうり(みじん切り)
マヨネーズ……½カップ	……大さじ1
玉ねぎ(みじん切り)……大さじ1	パセリ(みじん切り)……少々

Point きゅうりはみじん切りにしたあと、塩もみして水分をよく絞っておくと水っぽくならずに、おいしく仕上がります。

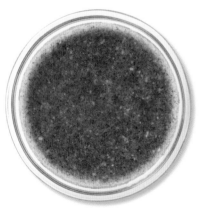

しそのジェノベーゼ風

リッチな味わいで大葉の豊かな香りが食欲をそそります。

●材料 (約80g分)

大葉……20枚	オリーブオイル……大さじ4
松の実……10g	粉チーズ……大さじ1½
にんにく(みじん切り)	塩・こしょう……各少々
……5g	

Point 大葉はちぎり、ミキサーに塩、こしょう以外の材料を入れてなめらかなペースト状になるまで混ぜ、塩、こしょうで味をととのえます。

にんじんドレッシング

にんじんを丸ごといかした甘味と食感がたまらない！

●材料 (約330g分)

にんじん	りんご酢……大さじ2
……1本(150g)	はちみつ……小さじ1
りんご……½個(125g)	塩……小さじ1
オリーブオイル……大さじ5	

Point にんじん、りんごは皮をむいて薄切りにし、ミキサーにすべての材料を入れ、なめらかになるまで混ぜてください。

クリーミーベース

マイルドな味が好きな人必見！
クリーミー系ドレッシングのベース。

●材料（約125g分）

マヨネーズ……½カップ
水……大さじ1
酢……小さじ2
砂糖……小さじ2
塩……少々

Point マヨネーズは手作りのもの
だとゆるめに仕上がるの
で、市販品を用いましょう。

［ クリーミー ］

クリーミーベースは、玉ねぎや黒ごまなど、
どんな素材をプラスしてもおいしく、アレンジが自由自在。
お好みの調味料を組み合わせて楽しんで。

アレンジ!!

クリーミー 玉ねぎドレッシング

炒め玉ねぎの甘味と醤油の利いた
和風ドレッシング。

●材料（約185g分）

クリーミーベース……120g
玉ねぎ（みじん切り・炒める）
　……大さじ3
醤油……大さじ1
黒こしょう（粗挽き）……少々

クリーミー 黒ごまドレッシング

黒ごまの風味とコクがたっぷり。
根菜に合わせるのもおすすめ。

●材料（約175g分）

クリーミーベース……120g
すりごま（黒）……大さじ2
ねりごま（黒）……大さじ1
醤油……大さじ1
ごま油……小さじ2

クリーミー ナッツドレッシング

ほんのり甘めで子どもも大好き！
ナッツの香ばしさがたまりません。

●材料（約185g分）

クリーミーベース……120g
ピーナッツバター……大さじ2
クラッシュアーモンド……大さじ1
クラッシュピーナッツ……大さじ1
水……大さじ1
醤油……小さじ1

Point アーモンドとピーナッツのかわり
にミックスナッツでもOKです。

クリーミー チリドレッシング

まろやかな中にピリッとした
豆板醤がアクセント。

●材料（約130g分）

クリーミーベース……120g
豆板醤……小さじ1
レモン汁……小さじ1
にんにく（すりおろし）……少々
黒こしょう（粗挽き）……少々
チリパウダー……少々

Point 豆板醤の量で辛さを調整し
てください。

[ノンオイル]

うま味のある素材や薬味を加えることで、油分を使わなくてもコクのある味わいに。

ノンオイルドレッシング中華

薬味が利いた、あとを引く味。
ノンオイルでも満足感たっぷり!

●材料 (約155g分)

醤油……大さじ4	にんにく(すりおろし)……少々
酢……大さじ4	しょうが(すりおろし)……少々
砂糖……大さじ2	豆板醤……少々
いりごま(白)……小さじ1	オイスターソース……少々
すりごま(白)……小さじ1	

ノンオイルドレッシング青じそ

さわやかな大葉の風味がふわり。
魚料理や豆腐にもよく合います。

●材料 (約140g分)

大葉(みじん切り)……4枚	塩……少々
醤油……大さじ3	和風だし(顆粒)……小さじ1/2
酢……大さじ3	湯……大さじ1
みりん……大さじ1	
砂糖……小さじ2	

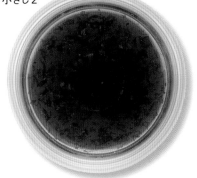

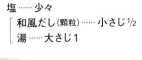Point 和風だしは湯で溶いて使います。風味が飛びやすいので、作った日に使い切るのがおすすめです。

ノンオイルドレッシング梅

ふりかけを使ってしそ風味をプラス。
赤しそと梅がマッチした和風の味。

●材料 (約220g分)

梅干し(塩分5%程度のもの)……8個	めんつゆ(2倍濃縮)……大さじ4
	水……大さじ2
酢……大さじ4	赤しそふりかけ……少々

Point 梅干しは果肉をたたいて使います。塩分で味の濃さが変わるので、お好みで量を調整してください。

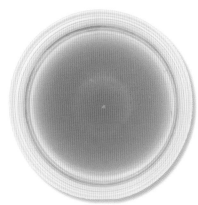

ノンオイルドレッシング柚子こしょう

柚子こしょうの風味をいかした、
魚料理や麺類にも合うノンオイルドレッシングです。

●材料 (約100g分)

水……大さじ3	砂糖……小さじ1
薄口醤油……小さじ4	柚子こしょう……小さじ1
みりん……大さじ3	うま味調味料……少々
酢……小さじ1	

［ 和風 ］

醤油ベースのあっさりとした味わいは、幅広い世代に人気。
豆腐や白身魚などと相性がよいドレッシングです。

和風ドレッシング

甘酸っぱくてだしの利いた、王道の和風テイスト。

●材料（約160g分）

醤油……大さじ3	塩……少々
酢……大さじ2	┌ 和風だし（顆粒）
サラダ油……大さじ2	│　……小さじ1/2
砂糖……大さじ1½	└ 湯……大さじ2
レモン汁……小さじ1	※和風だしは湯で溶いて使います。

> **Point** わさびを入れてわさびドレッシング、おろししょうがを入れてしょうがドレッシングなど、応用の利く基本のドレッシングです。

アレンジ!!

和風玉ねぎドレッシング

玉ねぎを混ぜるだけで、
ひと味ちがったおいしさに。

●材料（約225g分）

和風ドレッシング……150g
玉ねぎ（みじん切り）……大さじ5

和風具入りドレッシング

うま味のある素材がたっぷり！
具だくさんドレッシング。

●材料（約200g分）

干ししいたけ（みじん切り）	醤油……小さじ4
……2枚	和風だし（顆粒）……小さじ2
小ねぎ（小口切り）……4本	オイスターソース……小さじ2
酢……大さじ3	砂糖……小さじ2
サラダ油……大さじ3	いりごま（白）……小さじ2

> **Point** 干ししいたけは水で戻してから軽くゆでて水気をきり、みじん切りにします。

和風あわせ味ドレッシング

マヨネーズのまろやかさに、
だしの風味がふわりと香ります。

●材料 (約130g分)

マヨネーズ……½カップ	酢……小さじ1
砂糖……大さじ1	みりん……小さじ1
醤油……小さじ2	和風だし(顆粒)……小さじ½

Point 和風だしは醤油、酢、みりんの液体状の材料としっかり混ぜ合わせて溶かします。

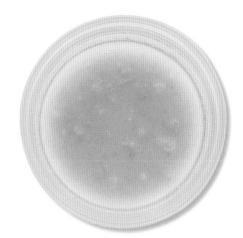

すりおろし玉ねぎドレッシング

ほんのり辛味のあるおとな向けの味。
少しクセのある食材にも合います。

●材料 (約110g分)

サラダ油……大さじ3	塩……小さじ1
玉ねぎ(すりおろし)	砂糖……小さじ1
……大さじ3	レモン汁……小さじ½
醤油……大さじ1	にんにく(すりおろし)……少々

大根おろしドレッシング

たっぷり入った大根おろしでさっぱりと。
肉料理などにもおすすめです。

●材料 (約180g分)

大根おろし……大さじ5	酢……大さじ2
サラダ油……大さじ2	みりん……小さじ2
醤油……大さじ2	砂糖……小さじ1

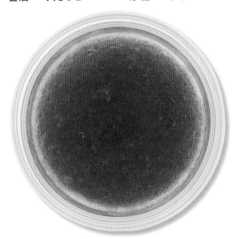

ごまドレッシング

ごまのトリプル使いで香ばしさ抜群。
つぶつぶ食感もアクセントです。

●材料 (約215g分)

マヨネーズ	ねりごま(白)……大さじ1
……½カップ	醤油……小さじ4
砂糖……大さじ3	ごま油……小さじ2
酢……大さじ2	塩……小さじ1
すりごま(白)……大さじ1½	

Point 最初にマヨネーズと醤油を混ぜ合わせてから酢を加え、残りの材料を混ぜるときれいに仕上がります。

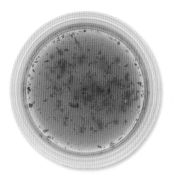

［ アジアン ］

コチュジャンやパクチーなど、
アジアンテイストの材料で仕上げました。
食欲をそそる味わいは、肉や魚にもよく合います。

スイートチリソース

甘辛・酸味がクセになるおいしさ。
エスニックサラダに欠かせません。

●材料 (約120g分)

唐辛子(みじん切り) …… 2本
水 …… 大さじ4
砂糖 …… 大さじ4
酢 …… 小さじ1
レモン汁 …… 小さじ1
にんにく(すりおろし) …… 小さじ1
豆板醤 …… 小さじ1
塩 …… 小さじ½

※材料を混ぜたあと、鍋でひと煮立ち
させてください。

Point 唐辛子は種ごと使用。ナ
ンプラーを加えるとよりエ
スニックテイストに。豆板
醤の量で辛さの調整を。

パクチードレッシング

パクチー好きならハマること間違いなし!
寿司酢を使うことで甘くまろやかに。

●材料 (約250g分)

パクチー …… 150g
寿司酢 …… 大さじ6
ナンプラー …… 小さじ1
ごま油 …… 小さじ1

Point パクチーはざく切りにし、ミキ
サーにすべての材料を入れ、
なめらかになるまで混ぜます。

唐辛子ドレッシング

おなかの中まで温まるホットな辛さ!
ごまやだしで食べやすく仕上げました。

●材料 (約120g分)

ごま油 …… 大さじ4
酢 …… 大さじ2
砂糖 …… 小さじ4
コチュジャン …… 小さじ2
和風だし(顆粒) …… 小さじ2
いりごま(白) …… 小さじ2
ねりごま(白) …… 小さじ1
一味唐辛子 …… 小さじ1
にんにく(すりおろし) …… 少々
塩 …… 少々

Point 和風だしは酢によく混ぜ
合わせます。一味唐辛子
の量で辛さを調整して。

ピリ辛
ねぎドレッシング

パンチのある味わいで
中華風のメニューとも相性抜群。

●材料 (約175g分)

醤油 …… 大さじ4
長ねぎ(みじん切り)
　…… 大さじ3
砂糖 …… 大さじ2
ラー油 …… 大さじ1
ごま油 …… 大さじ1
酢 …… 大さじ1
しょうが(すりおろし) …… 少々

Point ラー油、ごま油はお好みで
量を調整してください。

韓国風
ごまドレッシング

肉と合わせてもおいしい
うま辛ドレッシング。

●材料 (約185g分)

唐辛子(みじん切り) …… 1本
酢 …… 大さじ3
水 …… 大さじ2
ごま油 …… 大さじ2
ねりごま(白) …… 大さじ2
いりごま(白) …… 大さじ1½
コチュジャン …… 大さじ1
砂糖 …… 大さじ1
にんにく(すりおろし)
　…… 小さじ2
塩 …… 小さじ½

Point コチュジャンの量で辛さを
調整してください。

PART
1

Salad Cafe式
定番サラダ

ポテト、マカロニ、シーザー、
コールスロー、豆腐、春雨といった
「定番」といえる6種類のサラダ。
Salad Cafe流にアレンジされた
バリエーション豊かな定番サラダを紹介します。

Potato salad
ポテトサラダ

やさしいうま味が味わえる
おとなも子どもも好きなサラダ。
調理の仕方で変わる
じゃがいもの食感も楽しんで。

エビと明太子のせん切りポテトサラダ

明太子ソースの味付けとシャキシャキの食感がおいしい、新感覚のポテトサラダ。
丸く盛りつけて、見た目も華やかに。

●材料（4人分） 1人分181kcal 調理時間50分

じゃがいも …… 大1個(200g)
にんじん …… 80g
玉ねぎ …… 20g
紫玉ねぎ …… 10g
むきエビ …… 8尾(80g)
辛子明太子 …… 35g
A［マヨネーズ …… 大さじ5
　 醤油 …… 小さじ½強
　 塩 …… 少々］
グリーンリーフ …… 適量

●作り方

1 じゃがいもは皮をむいてせん切りにし、30分以上水にさらす。鍋に湯を沸かし、80～90℃で沸騰させずに2分程ゆで、水に取って冷やす。

2 にんじんはせん切りに、玉ねぎ、紫玉ねぎは薄切りにして水にさらす。

3 エビは塩ゆでする。

4 辛子明太子は⅓量をアルミ箔などにのせ、オーブントースターで焼く。残りの辛子明太子はAと混ぜ合わせて明太子ソースにする。

5 1、紫玉ねぎ以外の2を水気をよくきってボウルに入れ、4の明太子ソースと混ぜ合わせる。

6 器にグリーンリーフを半分にちぎって敷いて5を盛り、紫玉ねぎ、3と4の焼いた明太子をほぐしてのせる。

Point

1 さっとゆでてシャキシャキに

せん切りじゃがいもをゆでるときは、再沸騰する前に湯からあげると、歯応えが残ってシャキシャキとした食感が楽しめます。

2 流水にさらして加熱止め

じゃがいもをゆでたあと、水に取って冷やすことで余熱で火が通るのを防ぎます。このひと手間で、さらに食感がアップ！

3 葉野菜をついたてに

グリーンリーフなどの葉野菜を敷くことでついたてになり、取り分けやすくなります。ひと山を1枚に小さめに盛るのがポイント。

エビとアボカドのポテトサラダ

アボカドと合わさったポテトがしっとりクリーミーに！
形を残したアボカドも加えることで食感よく仕上がります。

●材料（4人分） 1人分216kcal ｜ 調理時間60分

じゃがいも …… 中2個(300g)
アボカド …… 1個
むきエビ …… 8尾(80g)
A ┌ マヨネーズ …… 大さじ3
　├ バジルソース(市販) …… 小さじ½
　└ 生クリーム …… 小さじ1
塩 …… 少々

●作り方

1 じゃがいもは皮付きのまま蒸し器で竹串がすっと刺さるまで蒸す。蒸しあがったら皮をむき、軽くつぶして冷ましておく。

2 アボカドはひと口大に切る。エビは塩ゆでし、ひと口大に切る。

3 Aを混ぜ合わせ、アボカドの半量を入れてつぶしながら混ぜる。

4 3に1と2のエビの半量を加えてあえ、塩で味をととのえる。

5 器に盛り、残りのアボカドとエビをのせる。

ビーツとポテトの真紅のサラダ

ビーツの甘味とサクサク食感が心地よいひと品。
気分の上がる華やかな紅色が食卓に彩りを添えてくれます。

●材料（4人分） 1人分 **94**kcal | 調理時間 **20分**

ビーツ …… 1/2個（100g）
じゃがいも …… 中2個（300g）
マヨネーズ …… 小さじ4
プレーンヨーグルト …… 大さじ2
塩・こしょう …… 各少々
イタリアンパセリ（みじん切り） …… 少々
黒こしょう（粗挽き） …… 少々

●作り方

1 ビーツとじゃがいもは皮をむき、ビーツは1.5cmの角切りに、じゃがいもは2cmの角切りにし、それぞれ別の耐熱の器に入れる。

2 *1*を電子レンジで3分ずつ加熱し、粗熱を取る。

3 ボウルにマヨネーズ、ヨーグルトを混ぜ合わせて*2*を加えてあえ、塩、こしょうで味をととのえる。

4 器に盛り、イタリアンパセリを散らし、黒こしょうを振る。

鮭とイクラの味噌ポテトサラダ

プチッと弾けるイクラと味噌風味のポテトがクセになる！
塩鮭を使うことで、程よい塩味と食感が加わります。

●**材料 (4人分)** | 1人分171kcal | 調理時間60分

じゃがいも ⋯⋯ 中2個(300g)

塩鮭(甘口) ⋯⋯ 1/2切れ(25g)

きゅうり ⋯⋯ 1/3本

水菜 ⋯⋯ 1株(20g)

玉ねぎ ⋯⋯ 15g

イクラ ⋯⋯ 20g

小ねぎ(小口切り) ⋯⋯ 少々

砂糖 ⋯⋯ 小さじ2

バター ⋯⋯ 10g

マヨネーズ ⋯⋯ 大さじ2

味噌 ⋯⋯ 大さじ1

●**作り方**

1 じゃがいもは皮付きのまま蒸し器で竹串がすっと刺さるまで蒸す。蒸しあがったら、皮をむいて熱いうちに粗くつぶし、砂糖、バターを混ぜ合わせる。

2 塩鮭は焼いて皮と骨を取り、ほぐしておく。

3 きゅうりは輪切りに、水菜は4cm長さに、玉ねぎは薄切りにして、水にさらしておく。

4 マヨネーズと味噌を混ぜ合わせて*1*に加えてあえ、*2*、*3*も加えて軽く混ぜる。

5 器に盛り、イクラと小ねぎを散らす。

アンチョビポテトサラダ

アンチョビの塩味とマヨネーズソースのコクが◎。
簡単なのに、リッチな味わいのひと品です。

●材料（4人分）　1人分135kcal｜調理時間25分

じゃがいも
　…… 中3個（450g）
アンチョビ（缶詰）…… 20g
大葉 …… 2枚

A

生クリーム
　…… 大さじ1⅓
マヨネーズ
　…… 大さじ3⅓

●作り方

1　じゃがいもは皮をむき、ひと口大に切ってやわらかくなるまで蒸し、粗熱を取っておく。

2　アンチョビ、大葉は粗みじん切りにする。

3　*A*を混ぜ合わせ、*1*、*2*を加えて、ざっくりと混ぜ合わせる。

ケールとハムのポテトサラダ

アイルランドの伝統料理「コルカノン」風サラダ。
シンプルな味付けで素材の味を楽しんで。

●材料（4人分）　1人分121kcal｜調理時間25分

じゃがいも
　…… 中2個（300g）
ケール …… 30g
ロースハム …… 2枚

マヨネーズ
　…… 大さじ2½
塩・こしょう …… 各少々
黒こしょう（粗挽き）…… 少々

●作り方

1　じゃがいもは皮をむいて1.5cmの角切りにし、ケールは葉をひと口大に切り、茎は斜め薄切りにする。

2　鍋にじゃがいもと浸るくらいの水を入れて加熱する。

3　じゃがいもがやわらかくなったら、ケールの茎を入れてやわらかくなるまでゆで、水気をきって軽くつぶす。

4　*3*が温かいうちにケールの葉と、色紙切りにしたハムを加えて混ぜ、マヨネーズ、塩、こしょうで味をととのえる。

5　器に盛り、黒こしょうを振る。

Macaroni salad
マカロニサラダ

主食にもなるマカロニで
食べ応えも満点。
ツイスト、シェル、ペンネなど
見た目も楽しいメニューです。

ツイストマカロニの
さわやかサラダ

柑橘ドレッシングのさわやかな風味と
ごぼうやセロリのシャキシャキとした食感を楽しんで。

●材料 (4人分) 1人分 154 kcal | 調理時間 25分

ツイストマカロニ(乾燥) …… 50g
ごぼう …… 100g
紫玉ねぎ …… 1/2個(75g)
にんじん …… 1/2本(75g)
フルーツトマト …… 2個(200g)
きゅうり …… 1本(100g)
セロリ …… 80g
柑橘ドレッシング …… 120g ▶ P.20

●作り方

1 ツイストマカロニは塩を加えてやわらかくなるまでゆで、流水で冷まして水気をきる。

2 ごぼうはささがきにして酢水にさらし、さっとゆでる。

3 紫玉ねぎは薄切りにして水にさらす。にんじんはいちょう切りにしてゆでたあと、水で冷やす。フルーツトマトはくし形切りにする。

4 きゅうりは1cm幅の半月切りに、セロリは筋を取って1cm幅に切る。

5 フルーツトマト以外の野菜と1を混ぜ、ドレッシングを加えてあえる。

6 器に盛り、フルーツトマトをのせる。

Point

マカロニはやわらかくなるまでゆでて、しっかり冷ます

サラダに使うマカロニは、袋の表示時間よりも長めにゆでてやわらかくし、流水でしっかり冷ましましょう。こうすることで冷めてもかたくならず、ドレッシングをマカロニが吸うのも防げて、味がまとまりやすくなります。

シェルマカロニのイタリアンサラダ

アンチョビの塩味がアクセント！
ころころとしたシェルマカロニの見た目もかわいいサラダです。

●材料（4人分） 1人分230kcal ｜ 調理時間25分

シェルマカロニ（乾燥）……150g
アンチョビ（缶詰）……10g
にんじん……40g
ブロッコリー……¼株（75g）
いんげん……4本
絹さや……30g
紫玉ねぎ……⅓個（50g）
オリーブオイル……適量
唐辛子……1本
塩・こしょう……各少々
イタリアンドレッシング……120g ▶P.21

●作り方

1 シェルマカロニは塩を加えてやわらかくなるまでゆでる。

2 アンチョビはみじん切りにする。

3 にんじんはいちょう切りにしてゆでる。ブロッコリーはひと口大に、いんげんは5cm長さに切り、それぞれ塩ゆでする。絹さやは筋を取って塩ゆでし、斜め⅓に切る。

4 紫玉ねぎは薄切りにして水にさらす。

5 フライパンにオリーブオイルを熱し、2と唐辛子を入れて1を炒める。塩、こしょうで味をととのえ、唐辛子を取り出す。

6 3〜5をドレッシングであえる。

トマトとズッキーニのペンネサラダ

ペンネでボリュームのあるひと皿に。
さっぱりとしたドレッシングで、夏野菜をたっぷりどうぞ。

●材料 (4人分) 1人分431kcal 調理時間20分

ペンネ(乾燥) …… 160g
トマト …… 2個(300g)
ベーコン …… 4枚(80g)
ズッキーニ …… 1本(210g)
オリーブオイル …… 大さじ4
塩・こしょう …… 各少々
すりおろし玉ねぎドレッシング …… 80g ▶P.27
バジル …… 適宜

●作り方

1 ペンネは塩を加えてやわらかくなるまでゆで、流水で冷まして水気をきる。

2 トマトは1cmの角切りにする。

3 ベーコンは短冊切りに、ズッキーニは5mm幅の輪切りにする。

4 フライパンにオリーブオイルを熱し、ベーコン、ズッキーニの順に炒め、トマトを加えて塩、こしょう、ドレッシングで味をととのえる。

5 1と4をざっくりと混ぜ合わせて器に盛り、お好みでバジルをのせる。

エビとブロッコリーのチーズソースあえ

ゴルゴンゾーラを使った濃厚チーズソースがとろりと絡みます。
簡単なのにレストランみたいなひと品はおうち飲みにぴったり！

●材料（4人分） 1人分126kcal｜調理時間20分

ペンネ（乾燥）……50g
しめじ……½パック（50g）
ブロッコリー……50g
むきエビ……8尾（80g）
ゴルゴンゾーラチーズ……20g
ホワイトソース（缶詰）……120g
牛乳……½カップ
コンソメ（顆粒）……小さじ2
黒こしょう（粗挽き）……少々

●作り方

1 ペンネは塩を加えてやわらかくなるまでゆでる。しめじは石づきを取って小房に分け、ゆでる。ブロッコリーは小房に分け、塩ゆでする。エビは塩ゆでする。

2 耐熱の器にホワイトソースを入れ、牛乳を少しずつ加えながらよく混ぜ合わせる。

3 2にコンソメと小さくちぎったゴルゴンゾーラチーズを加え、電子レンジで1分30秒加熱する。

4 3に1を加えてあえる。器に盛り、黒こしょうを振る。

> **Point**
>
> **アボカドはくり抜く前に
> 底になる部分をカット**
>
> 器にするアボカドの皮は、底になる部
> 分を切っておくと安定して立ちます。く
> り抜くときは、皮の内側に実をやや厚
> めに残して、底を破らないように注意
> しましょう。食べるときは皮に残した
> 実も削りながら一緒に食べます。

アボカド丸ごとバジルペンネサラダ

バジルの香りとレモンのさわやかな酸味が食欲をそそる！
お好みでバゲットと一緒にどうぞ。

●**材料（4人分）** 1人分293kcal｜調理時間30分

ペンネ（乾燥）…… 80g
アボカド…… 2個
カッテージチーズ…… 30g
　┌ マヨネーズ…… 大さじ2
A │ バジルソース（市販）…… 大さじ1
　└ レモン汁…… 小さじ½
塩・こしょう…… 各少々
イタリアンパセリ…… 適宜

●**作り方**

1 ペンネは塩を加えてやわらかくなるまでゆで、流水
　で冷まして水気をきる。

2 アボカドは横半分に切って種を取り、器として底に
　なる部分を薄く切って平らにする。皮の内側に少し
　実を残しながら中身をくり抜き、粗くつぶす。皮は
　器として取っておく。

3 Aを混ぜ合わせ、アボカドの実とあえる。

4 1を加えて混ぜ合わせ、塩、こしょうで味をととのえ
　る。

5 4をアボカドの器に入れ、カッテージチーズをのせ、
　お好みでイタリアンパセリを添える。

Caesar salad
シーザーサラダ

組み合わせる食材次第で
洋風にも和風にも大変身！
シーザーサラダドレッシングで
葉野菜をたっぷりめしあがれ。

フリルレタスのシーザーサラダ

葉野菜にチーズ入りドレッシングをかけた王道シーザーサラダ。
苦味のあるトレビスやエンダイブでおとな好みに仕上げました。

●材料（4人分） 1人分197kcal｜調理時間25分

フリルレタス……100g
エンダイブ……30g
トレビス……50g
マッシュルーム(生)……4個
ゆで卵……2個
オリーブ……4個
食パン(8枚切り)……1枚
レモン汁……少々
シーザーサラダドレッシング
　　……80g ▶ P21

●作り方

1　フリルレタス、エンダイブ、トレビスは食べやすい大きさに切る。

2　マッシュルームは薄切りにし、レモン汁をかけておく。

3　ゆで卵はくし形切りに、オリーブは輪切りにする。

4　食パンは角切りにして、トースターでこんがり焼く。

5　1、2を混ぜ合わせて器に盛り、3、4をのせ、ドレッシングをかける。

Point

葉野菜はしっかりと水気をきる

シーザーサラダのメインとなる葉野菜は、念入りに水気をきってから使いましょう。水気が残ったままだと、ゆで卵や焼いた食パンの食感が損なわれてしまうのでご注意を。

シーザーサラダ

半熟卵の巣ごもりサラダ

写真映え抜群！　鳥の巣に見立てたパリパリチーズを
ざっくり崩して、半熟卵を絡めながらどうぞ。

●材料（4人分）| 1人分347kcal | 調理時間25分

シュレッドチーズ……160g
グリーンリーフ……5枚
レタス……½個(150g)
トレビス……2枚(40g)
玉ねぎ……¼個(50g)
トマト……1個(150g)
殻付きエビ……8尾
半熟卵……2個
シーザーサラダドレッシング……80g ▶ P.21

●作り方

1 天板にオーブンシートを敷き、シュレッドチーズの
半量を丸く広げ、200℃に予熱したオーブンで様子
を見ながら8分程焼く。同様にして、もう1枚焼く。

2 1が焼きあがったらすぐに直径15〜20cmのボウル
の底に押し当て、器の形にして冷ます。

3 グリーンリーフ、レタス、トレビスは食べやすい大き
さに切る。玉ねぎは薄切りにして水にさらし、トマト
は乱切りにする。

4 エビは殻付きのまま背わたを取って塩ゆでし、冷ま
したあと殻をむく。

5 3を半量ずつ2に盛り、4をのせる。

6 5に半分に切った半熟卵をそれぞれのせ、ドレッシ
ングをかける。

白菜とりんごのサラダ

白菜のみずみずしさとシャキシャキとした食感を楽しむサラダ。
りんごの甘酸っぱさとくるみの香ばしさがよく合います。

●材料 (4人分) | 1人分 187kcal | 調理時間 10分

白菜 …… 3枚 (300g)
りんご …… 1/2個 (125g)
くるみ …… 10g
シーザーサラダドレッシング …… 80g ▶P.21

●作り方

1 白菜は繊維を切るように芯を削ぎ切りにし、葉をざく切りにする。りんごは皮ごと細切りにする。

2 くるみは粗くきざむ。

3 器に白菜、りんごの順に盛り、2を散らし、ドレッシングをかける。

和風シーザーサラダ

大根、水菜など和の野菜をシーザーサラダドレッシングで。
漬物の食感と程よい塩味がアクセント。

●**材料（4人分）**

| 1人分 131kcal | 調理時間 20分 |

水菜……6株（120g）
大根……60g
油揚げ……15g
たくあん……15g
しば漬け……8g
温泉卵……1個
シーザーサラダドレッシング
　　……50g ▶**P.21**

●**作り方**

1 水菜は3cm長さに切り、大根
　は3cm長さのせん切りにして
　ざっくり混ぜ合わせる。

2 油揚げは熱したフライパンで
　表面をカリッと焼き、短冊切
　りにする。

3 たくあんは細切りに、しば漬
　けはみじん切りにする。

4 *1*と*2*を混ぜ合わせて器に盛
　り、*3*と温泉卵をのせ、ドレッ
　シングをかける。

丸ごとレタスのシーザーサラダ

同じ野菜の組み合わせでも盛り方を変えると、こんなに豪華！
おもてなしの席でも活躍する、とっておきシーザーサラダ。

●材料（4人分）

1人分263kcal ｜ 調理時間30分

レタス……1個(300g)
ブロッコリー……50g
アスパラガス……2本
ベーコン……4枚(80g)
スライスチーズ(溶けるタイプ)
　　……2枚
温泉卵……1個
粉チーズ……少々
シーザーサラダドレッシング
　　……80g ▶ P.21

●作り方

1　レタスは芯をくり抜き、そこから広げるように洗ったら、逆さまにして水気をきる。

2　ブロッコリーは小房に分け、アスパラガスは1/4長さに斜め切りし、それぞれ塩ゆでする。ベーコンは半分に切ってフライパンで焼く。

3　オーブンシートを敷いた耐熱皿にスライスチーズを1枚ずつ置き、ラップはせずに電子レンジで1分半〜3分程様子を見ながら加熱してパリパリにする。

4　器にレタスをのせ、レタスの中に2と食べやすい大きさに割った3を入れる。

5　温泉卵をのせ、粉チーズを散らし、ドレッシングをかける。

Coleslaw
コールスロー

キャベツをふんだんに使ったサラダ。
甘、辛、スパイシー……
それぞれの味付けで
キャベツのうま味を引き立てます。

りんごのコールスロー

りんごジャムが全体をまとめる隠し味。
甘酸っぱくてフルーティーな、子どももよろこぶコールスローです。

●材料 (4人分) 1人分195kcal | 調理時間20分

キャベツ……1/4個(250g)
にんじん……20g
きゅうり……20g
りんご……150g
A
├ マヨネーズ……大さじ6
├ りんごジャム……大さじ2
├ レモン汁……大さじ1
└ 練乳……小さじ2
塩・こしょう……各少々
グリーンリーフ……適宜

●作り方

1 キャベツは2cmの色紙切りに、にんじんはせん切り
　に、きゅうりは輪切りにする。りんごは皮ごと1/8のく
　し形切りにしてから5mm幅に切る。キャベツ以外は
　トッピング用に少し取っておく。

2 トッピング用以外の *1* とよく混ぜ合わせた *A* をあえ、
　塩、こしょうで味をととのえる。

3 器にお好みでグリーンリーフを敷いて *2* を盛り、トッ
　ピング用のにんじん、きゅうり、りんごをのせる。

Point

**1 野菜の水気は
しっかりきる**

野菜に水気が残っていると、ド
レッシングとあえたときに味が薄
まってしまいます。野菜はしっかり
と水気をきってから使いましょう。

**2 具材と同じ
ジャムを使う**

隠し味のジャムを具材の果物と
合わせることで、全体がなじんで
味のまとまりがよくなります。甘
さの調節にも◎。

**3 ふんわり盛って
見映えよく**

しんなりしやすいサラダは、ボウ
ルの中で空気を含ませながら取
り、器にふんわりと盛ると、高さが
出て見映えがアップ。

<table>
<tr><td>Coleslaw
コールスロー</td></tr>
</table>

ホタテとキャベツの コールスロー

ホタテのうま味で味に深みが出ます。
コールスローが、ごちそうサラダに変身!

●**材料（4人分）**

| 1人分 90kcal | 調理時間 10分 |

キャベツ……100g
大根……50g
ラディッシュ……4個
パプリカ(黄)……10g
ホタテ(缶詰)……60g
コールスロードレッシング
　　……80g ▶ **P.21**
セルフィーユ……適宜

●**作り方**

1 キャベツ、大根は細切りに、ラディッシュはせん切りにし、それぞれ水にさらす。

2 パプリカはみじん切りにする。

3 ボウルにホタテをほぐし、*1*とドレッシングを加え、ざっくり混ぜ合わせる。

4 器に盛り、*2*とお好みでセルフィーユをのせる。

柚子こしょう香る
コールスロー

柚子こしょうが利いたおとなのコールスロー。
ピリッとした辛味にお酒もすすみます。

●材料（4人分）

| 1人分 98 kcal | 調理時間 10分 |

キャベツ…… ¼個（250g）
きゅうり…… ½本（50g）
ラディッシュ…… 2個
柚子の皮…… 少々
A コールスロードレッシング
…… 100g ▶ P.21
柚子こしょう…… 5g

●作り方

1 キャベツは食べやすい大きさに、きゅうりは輪切りに、ラディッシュは薄切りにし、柚子の皮はせん切りにする。

2 **A**を混ぜ合わせ、キャベツ、きゅうり、ラディッシュを加えてあえる。

3 器に盛り、柚子の皮をのせる。

春キャベツの
ミモザ風サラダ

ミモザの花みたいなゆで卵のそぼろが春らしいサラダ。
香ばしいベーコンとキャベツの食感が心地よいひと品です。

●**材料（4人分）**

| 1人分 255 kcal | 調理時間 25分 |

シェルマカロニ(乾燥) …… 35g
キャベツ…… 150g
きゅうり…… 40g
パプリカ(赤) …… 少々
チェダーチーズ…… 15g
ゆで卵…… 1個
ベーコンビッツ…… 10g
スイートコーン(ホール缶) …… 30g
A ┌ コールスロードレッシング
  │ …… 100g ▶P.21
  │ マヨネーズ…… 大さじ3
  └ 塩・こしょう…… 各少々

●**作り方**

1 シェルマカロニは塩を加えて
　やわらかくなるまでゆで、流
　水で冷ましてから水気をき
　る。

2 キャベツは色紙切りにし、
　きゅうりは輪切りに、パプリカ
　とチェダーチーズは5mmの角
　切りにする。ゆで卵は目の粗
　いざるで裏ごしする。

3 **A**を混ぜ合わせ、シェルマカ
　ロニ、チェダーチーズ、ベーコ
　ンビッツ、液ぎりしたスイート
　コーンを加えてあえる。

4 さらにキャベツ、きゅうりを加
　えて混ぜる。

5 器に盛り、パプリカとゆで卵
　を散らす。

チキンとナッツの
カレー風味コールスロー

カレー粉のスパイシーな香りが食欲をそそる絶品サラダ。
アーモンドの食感もアクセントとして楽しんで！

●材料（4人分）

1人分 195kcal ｜ 調理時間 25分

鶏肉（むね）…… 1/2枚（135g）
塩…… 少々
A [長ねぎ（青い部分）…… 1本
しょうが…… 1片
酒…… 少々]
キャベツ…… 1/4個（250g）
にんじん…… 2/3本（100g）
B [コールスロードレッシング
…… 75g ▶P.21
クラッシュアーモンド
…… 大さじ2
カレー粉…… 少々
砂糖…… ひとつまみ]

●作り方

1 蒸し鶏を作る。鶏肉は塩を振り、**A**を加えた熱湯に入れて中火で10～15分ゆでる。鍋の中で冷ましたら皮を除いてほぐす。

2 キャベツは細切りに、にんじんはせん切りにし、水にさらす。

3 **B**を混ぜ合わせて*1*、*2*と混ぜ、少しおいてなじませる。

4 器に盛り、カレー粉（分量外）を振る。

Tofu salad
豆腐サラダ

さっぱりとした豆腐は
どんな野菜とも相性◎。
シンプルな素材だからこそ
いろいろな味付けが楽しめます。

韓国風ピリ辛豆腐サラダ

豆腐を大きく豪快にちぎって韓国風冷ややっこに。
コクのあるピリ辛ごまドレッシングが食欲を刺激します。

●**材料（4人分）** | 1人分215kcal | 調理時間30分

鶏肉(むね) …… 1枚(270g)
塩……少々
A ┌ 長ねぎ(青い部分) …… 1本
　　│ しょうが …… 1片
　　└ 酒……少々
木綿豆腐 …… 1丁(300g)
きゅうり …… 1本(100g)
トマト …… 1個(150g)
チンゲン菜 …… 1株(150g)
グリーンリーフ …… 4枚
クコの実(乾燥) …… 少々
クラッシュピーナッツ…… 少々
韓国風ごまドレッシング……70g ▶P.28

●**作り方**

1. 蒸し鶏を作る。鶏肉に塩を振り、**A**を加えた熱湯に入れて中火で10〜15分ゆでる。鍋の中で冷ましたら皮を除いてほぐす。

2. 豆腐はよく水きりしたあと、手で大きめにちぎる。

3. きゅうりはせん切りにし、水にさらす。トマトはくし形切りにする。

4. チンゲン菜はさっと塩ゆでし、5cm長さに切って水気を絞る。

5. 1ときゅうりを混ぜておく。

6. 器にグリーンリーフを敷き、豆腐、トマト、チンゲン菜を盛り、5をのせる。

7. ドレッシングをかけ、水で戻したクコの実とクラッシュピーナッツを散らす。

Point

豆腐は手でちぎってドレシングを絡める

このサラダをおいしくする一番のポイントは、豆腐を手でちぎって使うこと。ちぎることで断面が粗くなり、豆腐にドレッシングが絡みやすくなります。十分に豆腐の水きりをしたら、あまり小さくならないように、大胆に大きくちぎりましょう。

夏野菜の
冷ややっこピリ辛サラダ

ピリッとした唐辛子ドレッシングが豆腐にぴったり。
夏の食欲増進メニュー！

●材料（4人分）

| 1人分 128 kcal | 調理時間 20 分 |

絹ごし豆腐 …… 1丁(300g)
トマト …… 1/3個(50g)
なす …… 1本(80g)
小ねぎ(小口切り) …… 少々
唐辛子ドレッシング
　　 …… 60g ▶P.28

●作り方

1　豆腐は軽く水きりをして縦半
　分に切ってから横に1cm幅に
　切る。

2　トマト、なすはヘタを取り、小
　さめの角切りにする。

3　なすを素揚げして、トマトとド
　レッシングであえる。

4　1を器に盛って3をのせ、小ね
　ぎを散らす。

焼き豆腐と春菊の
ごま風味サラダ

焼き豆腐を豪快に使ったボリューム満点のひと品です。
味付けもしっかりしているので、ごはんのおかずにも◎。

●材料（4人分）

| 1人分318kcal | 調理時間20分 |

春菊(葉先) …… 40g
サニーレタス …… 8枚
いんげん …… 12本
ベーコン …… 5枚(100g)
木綿豆腐 …… 1丁(300g)
片栗粉 …… 適量
サラダ油 …… 適量
ごまドレッシング …… 80g ▶ P.27

●作り方

1 春菊、サニーレタスは食べやすい大きさに切る。

2 いんげんは斜め半分に切ってさっと塩ゆでする。

3 ベーコンは4cm幅に切り、からいりする。

4 豆腐はよく水きりし、縦半分に切ってから横に6等分に切る。片栗粉をまぶし、多めのサラダ油を熱したフライパンで両面を焼く。

5 *1*〜*4*を器に盛り、ドレッシングをかける。

Tofu salad
豆腐サラダ

豆腐の
クリーミーナッツサラダ

冷ややっこがしっかりと食べ応えのあるメニューに変身！
コクのあるナッツの風味が豆腐とベストマッチ。

●材料（4人分）

1人分 **220**kcal	調理時間 **25分**

鶏肉（むね）…… 80g
塩…… 少々
A ｜ 長ねぎ（青い部分）……1本
｜ しょうが……1片
｜ 酒……少々
木綿豆腐……1丁（300g）
きゅうり……1本（100g）
セロリ……¼本（50g）
ミニトマト……5個
クリーミーナッツドレッシング
……100g ▶P.24

●作り方

1 蒸し鶏を作る。鶏肉は塩を振り、**A**を加えた熱湯に入れて中火で10〜15分ゆでる。鍋の中で冷ましたら皮を除いてほぐす。

2 豆腐は水きりし、ひと口大に切る。

3 きゅうり、セロリはせん切りにして水にさらす。

4 **1**と**3**を混ぜ合わせ、ドレッシングであえる。

5 **2**を器に盛り、**4**と¼に切ったミニトマトをのせる。

豆腐と蒸し鶏の
黒ごまサラダ

温野菜たっぷり！　おかずにもおつまみにもなるサラダ。
濃厚な黒ごまが淡泊な具材にコクを与えます。

●材料 (4人分)

1人分302kcal ｜ 調理時間25分

鶏肉(むね) …… 200g
塩 …… 少々
A ┌ 長ねぎ(青い部分) …… 1本
　　├ しょうが …… 1片
　　└ 酒 …… 少々
木綿豆腐 …… 1/2丁(150g)
ブロッコリー …… 1株(300g)
いんげん …… 8本
レタス …… 4枚
ミニトマト …… 4個
クリーミー黒ごまドレッシング
　　…… 80g ▶ P.24

●作り方

1 蒸し鶏を作る。鶏肉は塩を振
り、**A**を加えた熱湯に入れて
中火で10〜15分ゆでる。鍋
の中で冷ましたら皮を除いて
ほぐす。

2 豆腐は水きりし、ひと口大に
切る。

3 ブロッコリーは小房に分け、
いんげんは斜め切りにしてそ
れぞれ塩ゆでする。

4 レタスは食べやすい大きさに
切る。

5 *1*、*3*、*4*を混ぜ合わせて器に
盛り、*2*と1/4に切ったミニトマ
トをのせ、ドレッシングをかけ
る。

59

Glass noodles salad
春雨サラダ

ときには付け合わせ、
ときには主食になる春雨。
変幻自在な食材の魅力を
サラダでたっぷり味わって。

白菜と春雨のうま味サラダ

カニ風味かまぼこで食感とうま味をプラス。
しょうがの利いた、さわやかな味わいの春雨サラダです。

●材料 (4人分) | 1人分120kcal | 調理時間25分

白菜 …… 1/8個(250g)
にんじん …… 2/3本(100g)
しめじ …… 1パック(100g)
緑豆春雨(乾燥) …… 50g
カニ風味かまぼこ …… 5本
きゅうり …… 1/4本(25g)

A
┌ 醤油 …… 大さじ2½
│ 砂糖 …… 大さじ1
│ みりん …… 小さじ2
│ ねりごま(白) …… 小さじ2
│ しょうが(すりおろし) …… 小さじ2
│ 酢 …… 小さじ1
│ にんにく(すりおろし) …… 小さじ½
└ 塩 …… 小さじ½

●作り方

1 白菜は食べやすい大きさに切り、にんじんは短冊切りにする。しめじは石づきを取って小房に分ける。

2 鍋に湯を沸かし、にんじん、しめじ、白菜の順に入れてゆでる。

3 春雨は10cm長さに切り、ゆでて流水で冷やし、水気をきっておく。カニ風味かまぼこはほぐす。

4 きゅうりは細切りにする。

5 混ぜ合わせたAに1～3を加えてあえる。器に盛り、きゅうりをのせる。

Point

水気はしっかりときって！

食材に水分が残っていると味が薄まってしまい、うまく仕上がりません。ゆでたあとの春雨や野菜は、十分に水気をきってから混ぜ合わせましょう。

春雨サラダ

春野菜のチャプチェ風サラダ

韓国の春雨料理「チャプチェ」をSalad Cafe流にアレンジ！
ピリッと辛い味付けに、野菜のおいしさが引き立ちます。

●**材料（4人分）** 1人分128kcal | 調理時間30分

新玉ねぎ…… 45g
にんじん…… 45g
アスパラガス…… 4本
たけのこ（水煮）…… 30g
緑豆春雨（乾燥）…… 60g
ごま油…… 大さじ1弱
にんにく（すりおろし）…… 少々

A
醤油…… 大さじ3
砂糖…… 大さじ1½
コチュジャン…… 小さじ1½

いりごま（白）…… 少々
糸唐辛子…… 少々

●**作り方**

1 新玉ねぎは薄切りに、にんじんは細切りにする。アスパラガスはさっと塩ゆでし、たけのこはさっとゆで、それぞれ斜め切りにする。

2 春雨は10cm長さに切ってゆで、水気をきる。

3 フライパンにごま油を熱し、にんにくを入れて新玉ねぎ、たけのこ、にんじんを炒める。

4 春雨を入れて水分を飛ばし、アスパラガスと混ぜ合わせた**A**を入れて炒め合わせる。ごま油（分量外）を回しかけて火を止める。

5 器に盛っていりごまを振り、糸唐辛子をのせる。

エビと春雨のエスニック風サラダ

エビや挽き肉のうま味を吸った春雨に、
スイートチリソースが絡むエスニックなひと皿。

●材料 (4人分) ｜1人分 160kcal｜調理時間 20分

緑豆春雨(乾燥) …… 50g
パプリカ(赤) …… 1/4個(40g)
パプリカ(黄) …… 1/4個(40g)
セロリ …… 1/4本(50g)
豚肉(挽き肉) …… 60g
むきエビ …… 12尾(120g)
サラダ油 …… 大さじ1

A ｜ 酒 …… 大さじ1
｜ 鶏ガラスープ(顆粒) …… 小さじ1
｜ 塩・こしょう …… 各少々

スイートチリソース …… 45g ▶P.28
パクチー …… 適宜

●作り方

1 春雨は10cm長さに切ってゆで、水気をきる。

2 パプリカは拍子木切り、セロリは5mm幅の斜め切りにする。

3 フライパンにサラダ油を熱し、豚肉をほぐしながら炒め、エビを加えてさらに炒める。

4 1と2を加えて炒め、全体に火が通ったら混ぜ合わせたAとスイートチリソースを加えて軽く炒める。

5 器に盛り、お好みでパクチーをのせる。

Glass noodles salad
春雨サラダ

春雨と白菜のごま風味炒め

香ばしいごまの風味が食欲をそそる！
お手軽な野菜でササッと作れる炒めサラダです。

●**材料 (4人分)** | 1人分 174kcal | 調理時間 25分

豚肉(切り落とし) …… 45g
白菜 …… 2枚(200g)
にんじん …… 25g
にら …… 3本
緑豆春雨(乾燥) …… 10g
サラダ油 …… 大さじ1
塩 …… 少々
ごまドレッシング …… 60g ▶P.27
ごま油 …… 大さじ½
いりごま(白) …… 少々

●**作り方**

1 豚肉はひと口大に切る。白菜は葉と芯に分け、短冊切りにする。にんじんは短冊切りにし、にらは3cm長さに切る。

2 春雨は10cm長さに切ってゆで、水気をきる。

3 フライパンにサラダ油を熱し、豚肉を炒める。白菜の芯、にんじん、白菜の葉の順に加え、塩を振ってさらに炒める。

4 3に2を加え、ある程度水分がなくなるまで炒めたら、にら、ドレッシング、ごま油を加えてさっと炒める。

5 器に盛り、いりごまを振る。

エビと海藻の春雨サラダ

お好みでからしや柚子こしょうを添えてもおいしい！
エビのぷりぷりと野菜のシャキシャキとした食感が楽しいサラダ。

●材料（4人分） | 1人分105kcal | 調理時間20分

むきエビ …… 10尾(100g)
海藻ミックス(乾燥) …… 8g
緑豆春雨(乾燥) …… 50g
きゅうり …… 1本(100g)
にんじん …… 1/3本(50g)
トマト …… 1個(150g)
和風ドレッシング …… 45g ▶P.26
グリーンリーフ …… 適宜

●作り方

1 エビは塩ゆでし、冷ましておく。

2 海藻ミックスは水で戻し、水気をきる。

3 春雨は10cm長さに切り、ゆでて流水で冷やし、水気
をきっておく。

4 きゅうりは斜めの半月切りにする。にんじんはせん
切りにして、水にさらす。

5 1〜4をドレッシングであえて、お好みでグリーン
リーフを敷いた器に盛り、くし形切りにしたトマトを
のせる。

Glass noodles salad
春雨サラダ

イカフリッターと
春雨のチリマヨネーズ仕立て

スイートチリソースの辛味をマヨネーズでまろやかに。
イカリングと野菜の相性が絶妙です。

●材料（4人分）

| 1人分 249 kcal | 調理時間 35分 |

イカ（胴）……1杯(180g)
きゅうり……½本(50g)
パプリカ（赤）……15g
玉ねぎ……25g
緑豆春雨（乾燥）……80g
トマト……½個(75g)
塩・こしょう……各少々
片栗粉……適量

A ┌ スイートチリソース
　　　……100g ▶ P.28
　　└ マヨネーズ……40g

●作り方

1　イカは輪切りにして塩、こしょうで下味を付け、片栗粉をまぶして170℃の油で揚げる。

2　きゅうり、パプリカはせん切りに、玉ねぎは薄切りにしてそれぞれ水にさらす。

3　春雨は10cm長さに切ってゆで、流水で冷やして水気をきっておく。

4　ボウルにきゅうり以外の1～3を入れ、混ぜ合わせたAを加えてよくあえる。

5　器に半月切りにしたトマト、4、きゅうりを交互に盛る。

蒸し鶏と春雨の
和風サラダ

ピリッとからしが利いた、おとな向けのひと品。
お好みで白ごまや海苔などを散らすのも◎。

●材料（4人分）

1人分221kcal │ 調理時間25分

鶏肉（むね）……150g
塩……少々

A ┌ 長ねぎ（青い部分）……1本
　├ しょうが……1片
　└ 酒……少々

緑豆春雨（乾燥）……35g
きゅうり……1/2本（50g）
カニ風味かまぼこ……5本
かつお節……少々
小ねぎ……10g

B ┌ 和風あわせ味ドレッシング
　│　　……85g ▶P.27
　├ めんつゆ（2倍濃縮）
　│　　……小さじ2
　└ からし……小さじ1

●作り方

1 蒸し鶏を作る。鶏肉は塩を振
　り、Aを加えた熱湯に入れて、
　中火で10〜15分ゆでる。鍋
　の中で冷ましたら皮を除いて
　ほぐす。

2 春雨は10cm長さに切ってゆ
　で、流水で冷やして水気を
　きっておく。

3 きゅうりは細切りにし、カニ風
　味かまぼこはほぐす。

4 Bを混ぜ合わせ、1〜3とあえ
　て器に盛り、かつお節と斜め
　切りにした小ねぎをのせる。

これだけで野菜がおいしく食べられる！
ディップソース

温ディップ

作るときに加熱し、食べるときも温かいままがおすすめのディップ。
温野菜が冷めないのもうれしいポイントです。

コーンバターソース

まるでポタージュのような
コーンのやさしい甘味が際立つ濃厚ソース。

●材料（約90g分）

スイートコーン（クリーム缶）
……80g
生クリーム……小さじ1½
粉チーズ……小さじ1
バター……5g

●作り方

耐熱の器にすべての材料を入れ
て電子レンジで30秒加熱し、よ
く混ぜ合わせる。

豆腐のクリーミーソース

豆腐のほのかな甘味とマヨネーズの酸味が相性抜群。
牛乳でマイルドに仕上げました。

●材料（約205g分）

木綿豆腐……⅓丁（100g）
牛乳……¼カップ
マヨネーズ……大さじ4強
砂糖……5g
塩・こしょう……各少々
鶏ガラスープ（顆粒）……少々

●作り方

豆腐を細かく崩し、すべての材料
を鍋に入れて混ぜ合わせて火に
かけ、ひと煮立ちさせる。

トマト＆オニオンのソース

玉ねぎの食感とトマトの酸味が心地よい
肉にも合うスパイシーな味わいです。

●材料（約110g分）

玉ねぎ（粗みじん切り）……40g
A ┌ トマトピューレ……大さじ4
  │ コンソメ（顆粒）……小さじ2
  │ にんにく（すりおろし）
  └ ……小さじ1
チリパウダー……少々

●作り方

耐熱の器に玉ねぎを入れて電
子レンジで火が通るまで1分程
加熱する。Aを加えてさらに1
分加熱し、チリパウダーを加え
て混ぜ合わせる。

ツナ&トマト風味のソース

ツナのうま味がぎゅっと凝縮した
淡泊な野菜を引き立てるソースです。

●材料（約110g分）

ケチャップ…… 40g
ツナ（缶詰）…… 30g
水…… 大さじ1弱
オリーブオイル…… 大さじ1弱
赤ワイン…… 小さじ2
粒マスタード…… 小さじ1
塩…… 少々

●作り方

鍋にすべての材料を入れて混ぜ
合わせて火にかけ、ひと煮立ちさ
せる。

海苔の和風ソース

甘じょっぱい味がクセになる！
韓国海苔でも作れます。

●材料（約140g分）

味付け海苔…… 10枚
水…… 40cc
醤油…… 大さじ2強
砂糖…… 大さじ2強
みりん…… 大さじ1強
めんつゆ（2倍濃縮）…… 小さじ4

●作り方

海苔を細かくちぎる。すべての材
料を鍋に入れて混ぜ合わせて火
にかけ、ひと煮立ちさせる。

バジル風味のバーニャカウダソース

アンチョビとバジルが香るゴージャスな風味。
お酒のおともにもぴったりです。

●材料（約110g分）

A 牛乳…… 大さじ3
アンチョビ（ペースト）…… 小さじ2
にんにく（すりおろし）…… 小さじ2

B オリーブオイル…… 大さじ3
バジルソース（市販）…… 小さじ2

●作り方

耐熱の器にAを入れてよく
混ぜ合わせ、電子レンジで
30秒程加熱する。Bを加え
てよく混ぜる。

豆乳バーニャカウダソース

本格的なバーニャカウダ風ソースが簡単にできる！
豆乳でマイルドな味わいに。

●材料（約130g分）

オリーブオイル…… 大さじ2½
にんにく（すりおろし）
　…… 小さじ1
アンチョビ（ペースト）
　…… 小さじ1
豆乳…… 90cc

●作り方

フライパンにオリーブオイルを熱
し、にんにく、アンチョビを入れ
て香りが立つまで弱火にかける。
豆乳を加えてひと煮立ちさせる。

 冷ディップ

野菜スティックやピンチョスなどの軽食と相性◎。
肉や魚を使ったサラダにもよく合う
パンチの利いた味わいのものを中心に紹介します。

マスタード&ヨーグルトソース

マスタードのダブル使いがポイント。
ヨーグルトで後味さっぱり。

●材料（約185g分）

プレーンヨーグルト ······ 100g
粒マスタード ······ 大さじ2
砂糖 ······ 大さじ2
フレンチマスタード
　 ······ 小さじ4
白ワインビネガー
　 ······ 小さじ2

●作り方

すべての材料を混ぜ合わせ
る。

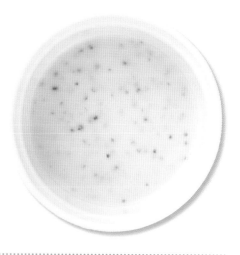

アボカド&クリームチーズディップ

アボカドとクリームチーズが
引き立てあう濃厚ディップソース。

●材料（約130g分）

アボカド ······ ½個
クリームチーズ ······ 45g
レモン汁 ······ 小さじ1弱
塩・こしょう ······ 各少々

●作り方

アボカドはペースト状にし、
レモン汁を加える。室温に戻
したクリームチーズを加えて
よく混ぜ合わせ、塩、こしょ
うで味をととのえる。

ザジキ風ディップ

ギリシャ料理「ザジキ」風のディップ。
きゅうりの食感とレモンの酸味でさわやかな味わいに。

●材料（約95g分）

プレーンヨーグルト ······ 100g
きゅうり（みじん切り） ······ 10g
サワークリーム ······ 20g
マヨネーズ ······ 大さじ1
粉チーズ ······ 小さじ½
レモン汁 ······ 小さじ½
にんにく（すりおろし） ······ 少々
塩・こしょう ······ 各少々

●作り方

ヨーグルトはキッチンペーパー
を敷いたざるにあけ、半分のか
さになるまで1〜2時間程水き
りする。きゅうりは2%の食塩
水に10分間さらし、キッチン
ペーパーでしっかり水分を取
る。すべての材料を混ぜ合わせ
る。

クリーミーバルサミコビネガーソース

バルサミコ酢と赤ワインで、
おとな好みの深みのあるソースに。

●材料 (約95g分)

A
バルサミコ酢……大さじ2
赤ワイン……小さじ2
塩……少々
砂糖……小さじ5
水……25cc
生クリーム……大さじ1強

●作り方

鍋にAを入れて混ぜ合わせて火にかけ、ひと煮立ちさせる。冷めたら生クリームを加えて混ぜ合わせる。

たくあん入りタルタルソース風

たくあんとかつお節がマヨネーズと相性抜群!
チキンカツなどの揚げ物や温野菜によく合います。

●材料 (約120g分)

ゆで卵(みじん切り)……1個
たくあん(みじん切り)……30g
マヨネーズ……大さじ3
酢……小さじ1
かつお節……少々
塩・こしょう……各少々

●作り方

すべての材料を混ぜ合わせる。

クリーミー梅ディップ

マヨネーズのうま味に、
果肉感のある梅がさわやかさをプラス。

●材料 (約100g分)

マヨネーズ……大さじ6
梅干し(ペースト)……大さじ2

●作り方

すべての材料を混ぜ合わせる。

ねぎ入りクリームチーズディップ

チーズと白だしの意外な組み合わせ!
あとを引くおいしさにやみつきになります。

●材料 (約100g分)

クリームチーズ……80g
白だし……小さじ4
小ねぎ(小口切り)……少々

●作り方

室温に戻したクリームチーズをなめらかになるまで混ぜ、白だし、小ねぎの順に加えてよく混ぜ合わせる。

クリーミー明太子ディップ

ピリ辛明太子とマヨネーズのコクが
よく合う定番の味。

●材料（約130g分）

辛子明太子……80g
マヨネーズ……大さじ4

●作り方

明太子の薄皮を取り除いて
ほぐし、マヨネーズとよく混
ぜ合わせる。

サバ＆クリームチーズディップ

塩サバとクリームチーズがベストマッチ！
トーストしたバゲットに塗ればワインがすすみます。

●材料（約170g分）

塩サバ(半身)……1切れ(120g)
クリームチーズ……60g
レモン汁……少々
塩・こしょう……各少々

●作り方

塩サバは焼いて皮と骨を取
り除き、身を細かくほぐす。
室温に戻したクリームチー
ズ、レモン汁、塩、こしょうを
加えてよく混ぜ合わせる。

イカ味噌ディップ

らっきょうの食感とさきイカのうま味が絶品！
そのまま日本酒のおともにもなる和風ディップ。

●材料（約90g分）

さきイカ……5g
らっきょう(みじん切り)……5粒
マヨネーズ……大さじ5
味噌……小さじ1/2

●作り方

さきイカは細かく割く。すべ
ての材料を混ぜ合わせる。

付け合わせ
サラダ

副菜として出す付け合わせのサラダは
ついつい同じパターンになりがち。
でも、少し工夫するだけで
いつもの野菜でもいろいろなサラダが作れます。
彩りも味も大満足のサラダを、ぜひお試しください。

金平れんこんの
和サラダ仕立て

シャキシャキとした根菜のきんぴらと生野菜のコラボレーション。
きんぴらの甘辛味と、野菜のみずみずしさがクセになるコンビです。

●**材料 (4人分)** | 1人分 111 kcal | 調理時間 30分 |

れんこん …… 小1節 (150g)
ごぼう …… 50g
にんじん …… 70g
大根 …… 20g
紫キャベツ …… 20g
水菜 …… 1株 (20g)
ごま油 …… 大さじ2
A [めんつゆ (2倍濃縮) …… 大さじ3
   水 …… 大さじ3
唐辛子 (輪切り) …… 少々
いりごま (白) …… 少々

●**作り方**

1 れんこんは半月切りに、ごぼうは細切りにして、それぞれ酢水にさらす。

2 にんじん、大根は細切りにし、紫キャベツはせん切りにする。水菜は4cm長さに切る。

3 フライパンにごま油を熱し、れんこん、ごぼう、にんじんを炒める。混ぜ合わせた**A**と唐辛子を加えて汁気がなくなるまで炒める。

4 大根、紫キャベツ、水菜をボウルに入れてざっくり混ぜる。

5 器に*3*と*4*を交互に重ねるように盛り、いりごまを散らす。

Point

**1 酢水にさらして
色止めする**

れんこんやごぼうなど、あくの強い野菜は、切ったあと酢水にさらすとあくが抜け、色もきれいに仕上がります。

**2 汁気がなくなる
まで炒める**

きんぴらを作るときは、汁気がなくなるまでじっくり炒めることで、味が奥までしっかりと入ります。

**3 盛りつけは
交互に**

白や紫、緑をミックスしたカラフルなものと、茶色いきんぴらを交互に盛りつけることで彩りが華やかに。取り分けるときも生野菜ときんぴらが偏りにくくなります。

3種のきのこのソテー
～バター風味～

レモンバター風味のきのことホクホクなじゃがいもが相性抜群。
ほうれん草と紫玉ねぎの重ね盛りで見た目も鮮やかなひと品です。

●材料（4人分） 1人分156kcal｜調理時間60分

まいたけ …… 80g
しめじ …… 80g
エリンギ …… 5本(150g)
玉ねぎ …… 60g
ほうれん草 …… 20g
紫玉ねぎ …… 20g
ブロックベーコン …… 40g
じゃがいも …… 中1個(150g)
サラダ油 …… 小さじ1
バター …… 30g
A ┌ 薄口醤油 …… 大さじ½
　├ レモン汁 …… 小さじ1
　└ 塩・こしょう …… 各少々
黒こしょう(粗挽き) …… 少々

●作り方

1 まいたけ、しめじは石づきを取ってほぐし、エリンギは食べやすい大きさに切る。玉ねぎは薄切にする。ほうれん草は4㎝長さに切り、紫玉ねぎは薄切りにして水にさらす。ベーコンは拍子木切りにする。

2 じゃがいもは芽を取り、皮付きのまま蒸し器で竹串がすっと刺さるまで蒸してひと口大に切る。

3 フライパンにサラダ油とバターを入れて熱し、ベーコン、玉ねぎ、きのこの順で炒める。**A** を加えて味をととのえる。

4 器に**2**、**3**、ほうれん草、紫玉ねぎを交互に盛り、黒こしょうを振る。

Point

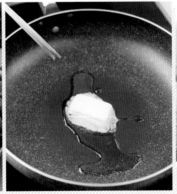

1 きのこは 大きめに

食感がちがう3種類のきのこを使うので、その個性をいかすために大きめにほぐします。まいたけは手で割くことで、味しみもよくなって◎。

2 サラダ油で バターの焦げ防止

バターは焦げやすいので、少量のサラダ油と一緒に加熱すると焦げ付きにくく、風味よく仕上がります。

3 色をいかして 盛りつけ

きのこ、じゃがいも、ほうれん草、紫玉ねぎを交互に盛ることで色彩が際立ちます。また、生のほうれん草や紫玉ねぎのみずみずしさが箸休めにも。

ドライトマトと花野菜の
クリーミーバジルソース

冬においしい花野菜たっぷり！　ゆでた野菜の甘味とトマトの酸味に、
ほのかに利いたにんにくが食欲を誘うひと皿です。

●**材料（4人分）** | 1人分159kcal | 調理時間25分

ブロッコリー …… 1/2株（150g）
カリフラワー …… 150g
ドライトマト（オイル漬け）…… 7g
ベーコン …… 1枚半（30g）
　┌ マヨネーズ …… 大さじ3強
　│ ホワイトソース …… 50g
A│ 粉チーズ …… 小さじ1
　│ レモン汁 …… 少々
　└ にんにく（すりおろし）…… 少々
バジルソース（市販）…… 10g
オリーブオイル …… 小さじ1
サラダ油 …… 少々

●**作り方**

1　ブロッコリー、カリフラワーは小房に分け、塩ゆでする。ドライトマトはみじん切りにする。

2　ボウルに**A**を混ぜ合わせ、バジルソースとオリーブオイルを加えてさらに混ぜる。

3　ベーコンは1.5cm幅に切り、サラダ油を熱したフライパンで炒める。

4　2と3を混ぜ合わせ、ブロッコリーとカリフラワーを半量ずつ加えてざっくりと混ぜ合わせる。器に盛り、残りのブロッコリーとカリフラワー、ドライトマトをのせる。

Point

1 混ざりにくい油はあとから

ソースを作るときは、油が分離しやすいので、バジルソースとオリーブオイルをあとから加えると、なめらかに仕上がります。

2 花野菜はざっくりあえる

粘度の高いソースに混ぜる場合、ブロッコリーやカリフラワーの花芽はつぶれやすいので、ざっくりとあえて形を残しましょう。

3 上向きにトッピング

ブロッコリーとカリフラワーは茎を見せないよう、花芽を上に向けて盛りつけます。外側へ向けてぴょこんと盛ると動きが出て◎。

きのことポテトの
チーズ風味サラダ

香り高いきのことホクホクとしたポテトにチーズとベーコンのうま味をプラス。
これだけでおつまみにもなるひと品です。

●材料 (4人分) | 1人分283kcal | 調理時間35分

じゃがいも …… 中2個(300g)
れんこん …… 中1/4節(50g)
しいたけ …… 3個(45g)
マッシュルーム(生) …… 3個(45g)
しめじ …… 30g
エリンギ …… 2本(60g)
にんにく …… 1/2片
ブロックベーコン …… 60g
エンダイブ …… 30g
ミニトマト …… 2個
バター …… 20g
シーザーサラダドレッシング
　　…… 80g ▶ P.21
粉チーズ …… 少々

●作り方

1 じゃがいもは皮をむいて角切りにし、耐熱の器に入れて電子レンジで2分加熱する。れんこんは薄切りにする。それぞれ素揚げにして、粗熱を取る。

2 しいたけは1/8に、マッシュルームは半分に切る。しめじは石づきを取って小房に分け、エリンギはひと口大に切る。

3 フライパンにバターを溶かし、つぶしたにんにくを入れ、1.5cmの角切りにしたベーコンを炒める。2を加え、しんなりするまで炒める。

4 1のじゃがいもと3をドレッシングでざっくりとあえる。

5 器にひと口大に切ったエンダイブと4を盛る。1のれんこんと1/4に切ったミニトマトをのせ、粉チーズを振る。

Point

ブロックベーコンで満足感アップ!

きのやじゃがいもなど、シンプルな味の食材がメインなので、ブロックベーコンを使ってボリュームとうま味をプラス。じゃがいもと合わせてゴロゴロとした角切りにすれば、食べ応えも増します。

せん切りポテトの
カルボナーラ風

炒めるだけで簡単に完成！
肉料理やワインのおともにも。

●材料（4人分） | 1人分384kcal | 調理時間35分

じゃがいも……大2個(400g)

玉ねぎ……30g

ホワイトぶなしめじ……1パック(100g)

ベーコン……4枚(80g)

A 卵黄……1個
　　生クリーム……大さじ4
　　粉チーズ……大さじ3

オリーブオイル……大さじ4弱

塩……少々

黒こしょう(粗挽き)……少々

コンソメ(顆粒)……小さじ2

パルミジャーノ・レッジャーノ……15g

●作り方

1 じゃがいもは皮をむいてせん切りにし、しっかり水にさらす。玉ねぎは細切りに、ホワイトぶなしめじは石づきを取って小房に分け、ベーコンは1cm幅に切る。

2 フライパンにオリーブオイルを熱し、ベーコンを炒め、玉ねぎ、ホワイトぶなしめじ、じゃがいもの順に加えて炒める。

3 塩、黒こしょう、コンソメを振り入れ、食感が残る程度に炒めて、味をととのえる。

4 火を止めてよく混ぜ合わせた**A**を加え、しっかりあえる。

5 器に盛って黒こしょうを振り、削ったパルミジャーノ・レッジャーノをのせる。

Point

じゃがいもはシャキシャキの食感に仕上げて

じゃがいもはせん切りにしたあと、しっかりと水にさらし、水気をきってから使います。じゃがいものシャキシャキとした食感を楽しめるよう、火を入れ過ぎずさっと炒めましょう。

たたきごぼうの
ごま味噌マヨネーズ

ごぼうといんげんのポリポリ食感がクセになる！
ごまの風味たっぷりのまろやかなソースでどうぞ。

● 材料（4人分）

1人分 285kcal	調理時間 40分

ごぼう……150g
いんげん……5本
長ねぎ（白い部分）……45g
豚肉（切り落とし）……160g
長ねぎ（青い部分）……1本
水菜……1株（20g）
紫玉ねぎ……30g

A [
味噌……大さじ3
マヨネーズ……大さじ4
すりごま（白）……大さじ1
砂糖……大さじ1⅔
]
一味唐辛子……少々

● 作り方

1 ごぼうは水洗いし、包丁の背で皮を削いですりこぎでたたく。4cm長さに切り、太い部分は½〜¼の太さに切る。酢を加えた熱湯で5分ゆで、ざるにあげて粗熱を取る。

2 いんげんは4cm長さに切って塩ゆでする。長ねぎの白い部分は5mm幅の斜め切りにし、耐熱の器に入れて30秒電子レンジで加熱する。

3 豚肉は長ねぎの青い部分を入れた熱湯でさっとゆで、ざるにあげて粗熱を取る。

4 水菜は4cm長さに切る。紫玉ねぎは薄切りにして水にさらす。

5 ボウルにAを混ぜ合わせ、1〜3を絡め、4を敷いた器に盛って一味唐辛子を振る。

クリーミーキャロットラペ

レーズンの甘味とくるみの香ばしさがアクセント。
にんじんをたっぷり食べられるサラダです。

●材料 (4人分) | 1人分 111kcal | 調理時間 10分

にんじん……2本(300g)
くるみ……少々
レーズン……15g

イタリアンパセリ……少々
コールスロードレッシング
……80g ▶ P.21

●作り方

1 にんじんはせん切りにして、水にさらす。

2 くるみは粗みじん切りにする。

3 1を器に盛り、レーズンと2を散らす。

4 ドレッシングをかけ、きざんだイタリアンパセリを散らす。

菜の花とアーモンドの
ごま風味サラダ

菜の花のほろ苦さに、ナッツやごまの香ばしさ。
素材がおいしさを引き立てあうひと皿です。

●材料 (4人分) | 1人分 71kcal | 調理時間 15分

菜の花……150g
にんじん……30g
スイートコーン(ホール缶)
……40g
クラッシュアーモンド
……10g

	すりごま(白)
	……大さじ1½
A	醤油……小さじ1½
	砂糖……小さじ2強
	マヨネーズ
	……小さじ1弱

●作り方

1 菜の花は半分に切り、さっと塩ゆでする。にんじんは
せん切りにし、スイートコーンは液ぎりする。

2 ボウルにAを混ぜ合わせ、1、クラッシュアーモンドを
あえる。

エビとアボカドの
スパイシーサラダ

アボカドにピリ辛ドレッシングがよくなじむ！
すっきりとしたお酒と相性のよい、コクうまサラダ。

●材料（4人分）

| 1人分 149kcal | 調理時間 20分 |

レタス……2枚
グリーンリーフ……2枚
アボカド……¼個
トマト……⅔個（100g）
玉ねぎ……30g
むきエビ……6尾（60g）
半熟卵……1個
クリーミーチリドレッシング
　……60g ▶P.24

●作り方

1　レタス、グリーンリーフは食べ
　　やすい大きさに切って混ぜ合
　　わせ、器に盛る。

2　アボカドはひと口大に切る。
　　トマトは乱切りにする。玉ね
　　ぎは薄切りにして水にさらす。
　　エビは塩ゆでする。

3　1に2を盛り、半熟卵をのせ、
　　ドレッシングをかける。

Point

半熟卵のコクが
サラダ全体をまとめます

エビ、アボカド、クリーミーチリドレッ
シングの相性は抜群。ドレッシングの
ピリ辛の刺激も、半熟卵を崩しながら
食べることでまろやかになり、全体の
味がまとまります。

エビとブロッコリーの
タルタルソース

白ワインにぴったり！
エビ、ブロッコリー、タルタルソースの黄金トリオ。

●材料（4人分） 1人分 122kcal ｜ 調理時間 20分

殻付きエビ……8尾　　　　レタス……2枚
ブロッコリー　　　　　　　タルタルソース
　　……1株(300g)　　　　　……100g ▶P.23

●作り方

1　エビは殻付きのまま背わたを取って塩ゆでし、冷ましてから殻をむく。

2　ブロッコリーは小房に分けて塩ゆでする。

3　レタスは食べやすい大きさに切る。

4　器に1〜3を盛り、タルタルソースをかける。

きのこと玉ねぎのマスタード風味

粒マスタードの辛味と食感がアクセント！
ヘルシーなきのこをたっぷりめしあがれ。

●材料（4人分） 1人分 79kcal ｜ 調理時間 25分

まいたけ……80g　　　　　｜すりおろし玉ねぎ
しめじ……1パック(100g)　｜　ドレッシング
マッシュルーム(生)　　　 A ｜　……60g ▶P.27
　　……2個(30g)　　　　　｜粒マスタード
サラダほうれん草……20g　｜　……小さじ2
玉ねぎ……1/2個(100g)　　塩……少々
紫玉ねぎ……1/4個

●作り方

1　まいたけ、しめじは石づきを取って小房に分けてゆで、冷ましておく。

2　マッシュルームは薄切りにする。サラダほうれん草は4cm長さに切る。

3　玉ねぎ、紫玉ねぎは薄切りにして、水にさらす。

4　Aを混ぜ合わせ、きのこ、玉ねぎ、塩を加えてよく混ぜる。

5　4にサラダほうれん草と紫玉ねぎを入れてざっくりと混ぜる。

エスニックグリーンサラダ

パクチーの香りと、ピリ辛のスイートチリソースが絶妙！
巻かずに使うライスペーパーも味のアクセントに。

●材料（4人分） | 1人分70kcal | 調理時間20分

ささみ……2本(100g)
干しエビ……10g
ラディッシュ……2個
豆苗……50g
パクチー……10g
ライスペーパー……1枚
グリーンリーフ……2枚
フライドオニオン……少々
松の実……少々
酒……少々
スイートチリソース……60g ▶P.28

●作り方

1 ささみは耐熱の器に入れ、酒を振って電子レンジで2分～2分30秒加熱し、火が通ったら冷まして細かく割く。

2 干しエビは水で戻す。ラディッシュは薄い輪切りにする。

3 豆苗は根を切る。パクチーは3cm長さに切る。ライスペーパーは水で戻し、食べやすい大きさにちぎる。

4 器に食べやすい大きさに切ったグリーンリーフを敷き、1、3をふんわりと混ぜて盛る。

5 ラディッシュをのせ、フライドオニオン、干しエビ、松の実を散らし、スイートチリソースをかける。

丸ごとトマトの焼きサラダ

カニ風味かまぼことトマトのグラタン風サラダ。
さわやかなトマトの酸味がクセになるおいしさです。

●材料 (2人分) | 1人分187kcal | 調理時間20分

トマト……2個(300g)
カニ風味かまぼこ……60g
マヨネーズ……大さじ2
シュレッドチーズ……20g
パン粉……少々
粉チーズ……少々
セルフィーユ……適宜

●作り方

1 トマトはヘタごと上部を切り、果肉をスプーンでくり
抜いて器を作る。果肉は1cmの角切りにする。

2 カニ風味かまぼこは細かくほぐし、マヨネーズ、トマ
トの果肉と合わせる。

3 1のトマトの器に2を詰め、シュレッドチーズ、パン
粉、粉チーズをのせる。

4 3を200℃に予熱しておいたオーブンで10分程焼
く。器に盛り、お好みでセルフィーユを添える。

ひじきと海藻のジンジャーサラダ

しょうが＆和風ドレッシングで
さっぱりとした味に仕上げました。

●材料（4人分） | 1人分42kcal | 調理時間20分

ひじき（乾燥）……15g にんじん……25g
海藻ミックス（乾燥） 水菜……1株(20g)
　……5g しょうが……10g
きゅうり……1/2本(50g) 和風ドレッシング
ロースハム……2枚(30g) ……大さじ2 ▶P.26

●作り方

1 ひじきは水で戻し、さっと湯通しする。海藻ミックスは
　水で戻しておく。きゅうり、ハムは細切りに、にんじん
　はせん切りにする。

2 水菜は4cm長さに切り、しょうがはせん切りにする。

3 器に水菜を敷く。1をドレッシングであえて水菜の上に
　盛り、しょうがをのせる。

白菜ときざみ昆布の
梅風味サラダ

昆布のうま味と、ほんのり梅が香るおとなの味。
さっぱりした口あたりで箸休めにもぴったり。

●材料（4人分） | 1人分34kcal | 調理時間15分

白菜……1/4個(500g) きざみ昆布（乾燥）……5g
きゅうり……1本(100g) ノンオイルドレッシング梅
にんじん……1/3本(50g) ……90g ▶P.25

●作り方

1 白菜は食べやすい大きさに切る。

2 きゅうりは輪切りに、にんじんはせん切りにする。

3 きざみ昆布は水で戻す。

4 1〜3をノンオイルドレッシングであえる。

体にやさしいひじきと緑の野菜サラダ
～青じそ風味～

カロリー控えめながらしっかりとした食べ応え。
海藻や葉野菜たっぷりのヘルシーなサラダです。

●材料 (4人分)

| 1人分 29kcal | 調理時間 25分 |

ひじき(乾燥)…… 20g
糸寒天(乾燥)…… 5g
オクラ…… 8本
菜の花…… 80g
しょうが(酢漬け)…… 少々
水菜…… 1株(20g)
グリーンリーフ…… 1/2枚
塩…… 小さじ 1/2
ノンオイルドレッシング
　青じそ…… 30g ▶ P.25

●作り方

1. ひじきは水で戻してさっと湯
   通しして水気をきり、塩、ノン
   オイルドレッシングと混ぜ合
   わせておく。

2. 糸寒天は水で戻す。

3. オクラは塩ゆでし、斜め半分
   に切る。菜の花はさっと塩ゆ
   でし、食べやすい長さに切る。

4. しょうがは細切りに、水菜は
   4cm長さに切り、グリーン
   リーフは食べやすい大きさに
   切る。

5. 水菜とグリーンリーフ、糸寒
   天、ひじき、オクラ、菜の花を
   交互に重ねて器に盛る。

6. しょうがを花のようにのせる。

なすと香味野菜の
さっぱりごま風味

香味野菜をなすで包んで食べる、新感覚のサラダ。
なすにしみたドレッシングがたまりません。

●材料（4人分） 1人分106kcal │ 調理時間20分

なす……2本(160g)	ごまドレッシング
長ねぎ……1本(150g)	……60g ▶P.27
みょうが……2個(30g)	ぽん酢醤油……大さじ1
しょうが(すりおろし)	小ねぎ(小口切り)……少々
……小さじ½	いりごま(白)……少々
大葉……4枚	七味唐辛子……少々
サラダ油……適量	

●作り方

1 なすはヘタを取って縦に薄切りにし、サラダ油を熱したフライパンで両面をしっかり焼く。

2 長ねぎ、みょうがはせん切りにし、水にさらす。

3 しょうがと2、ドレッシングを混ぜ合わせる。

4 器に盛った1の上に大葉を敷いて3をのせ、ぽん酢醤油をかける。小ねぎを散らし、いりごま、七味唐辛子を振る。

焼きかぼちゃと
ベビーリーフのサラダ

かぼちゃと相性抜群のナッツドレッシング。
クリーミーで食べやすく、子どもも大好き！

●材料（4人分） 1人分188kcal │ 調理時間20分

かぼちゃ……150g	オリーブオイル……適量
ベーコン……2枚(40g)	クリーミーナッツ
ベビーリーフ……40g	ドレッシング……80g
ミニトマト……3個	▶P.24
塩・こしょう……各少々	

●作り方

1 かぼちゃは薄切りにし、塩、こしょうを振る。オリーブオイルを絡め、220℃に予熱しておいたオーブンでこんがりと焼きめが付くまで焼く。

2 ベーコンは短冊切りにし、カリッとするまでからいりする。

3 器にベビーリーフ、1、2、¼に切ったミニトマトを交互に重ねるように盛り、ドレッシングをかける。

たっぷりきのこのマリネサラダ

濃いめの味付けでお酒がすすむ!
みずみずしい野菜と一緒に、きのこがたっぷり食べられます。

●材料 (4人分) | 1人分 118kcal | 調理時間 20分

レタス……125g
トレビス……2枚(40g)
まいたけ……1パック(100g)
しめじ……1パック(100g)
マッシュルーム(生)……2個(30g)
玉ねぎ……1/2個(100g)
パプリカ(赤)……1/4個(40g)
パプリカ(黄)……1/4個(40g)
オリーブ(みじん切り)……2個
オリーブオイルドレッシング……75g ▶P.22
塩・こしょう……各少々

●作り方

1 レタス、トレビスは大きめの色紙切りにして、ふんわり混ぜておく。

2 まいたけ、しめじは石づきを取り、ほぐしてゆでる。マッシュルームは薄切りにする。玉ねぎ、パプリカは薄切りにして、それぞれ水にさらす。

3 2とドレッシングを混ぜ合わせ、塩、こしょうで味をととのえる。

4 器に1を敷いて3を盛り、オリーブを散らす。

なすとピーマンのカラフルサラダ

彩り豊かなサラダがたったの2ステップで完成！
ごまのコクとコチュジャンの辛味が食欲を刺激します。

●材料（4人分） 1人分 121kcal ｜ 調理時間 20分

なす……4本（320g）	┌ ごまドレッシング
ピーマン……2個	│　……大さじ3 ▶P.27
パプリカ（赤）……½個（80g）	A コチュジャン
パプリカ（黄）……½個（80g）	│　……小さじ1
いりごま（白）……少々	└ ごま油……小さじ1

●作り方

1　なす、ピーマン、パプリカは乱切りにし、素揚げにする。

2　混ぜ合わせた*A*に*1*をあえる。器に盛り、いりごまを散らす。

きのことブロッコリーの
ごまドレッシングあえ

食感のちがうきのこをたっぷり使った秋のサラダ。
ごまの香ばしさが食欲をそそります。

●材料（4人分） 1人分 270kcal ｜ 調理時間 25分

じゃがいも	むきエビ……10尾（100g）
……大1個（200g）	サラダ油……大さじ2
ブロッコリー……200g	白ワイン……大さじ1⅓
しめじ……1パック（100g）	ごまドレッシング
まいたけ……1パック（100g）	……100g ▶P.27
エリンギ……2本（60g）	いりごま（白）……少々

●作り方

1　じゃがいもは皮をむき、5mm幅の半月切りにし、かために　ゆでる。

2　ブロッコリーは小房に分けて、塩ゆでする。

3　しめじ、まいたけは石づきを取り、エリンギとともに細かくほぐす。

4　フライパンにサラダ油を熱し、エビと*3*を炒め、白ワインを振る。

5　*1*、*2*、*4*とドレッシングをざっくりあえて器に盛り、いりごまを散らす。

ほうれん草と
ベーコンのサラダ

定番コンビにシーザーサラダドレッシングをプラス！
パスタや魚料理の前菜にもぴったりです。

●**材料 (4人分)** 1人分 247 kcal 調理時間 10分

ほうれん草 …… 2束(400g)	塩・こしょう …… 各少々
ベーコン …… 4枚(80g)	シーザーサラダドレッシング
ミニトマト …… 4個	…… 60g ▶ P.21
オリーブオイル …… 大さじ2	

●**作り方**

1 ほうれん草は4cm長さに、ベーコンは短冊切りにする。
  ミニトマトは輪切りにする。

2 フライパンにオリーブオイルを熱してベーコンを炒め、
  ほうれん草を加えてさらに炒め、塩、こしょうで味をと
  とのえる。

3 器に盛ってミニトマトをのせ、ドレッシングをかける。

カラフル野菜の
イタリアンマリネ

焼くことで野菜の甘味を凝縮。
ジューシーな焼き野菜をマリネでめしあがれ。

●**材料 (4人分)** 1人分 98 kcal 調理時間 25分

アスパラガス …… 4本	オリーブ(みじん切り)
パプリカ(赤) …… 1/2個(80g)	…… 4個
パプリカ(黄) …… 1/2個(80g)	オリーブオイル …… 適量
玉ねぎ …… 1個(200g)	塩・こしょう …… 各少々
にんじん …… 2/3本(100g)	イタリアンドレッシング
	…… 100g ▶ P.21

●**作り方**

1 アスパラガスは斜め切りに、パプリカは細切りに、玉ね
  ぎはくし形切りに、にんじんは短冊切りにする。

2 1にオリーブオイル、塩、こしょうを絡め、220℃に予熱
  しておいたオーブンで5分程焼く。

3 ドレッシングであえて器に盛り、オリーブを散らす。

長いもとかぼちゃの
細切りサラダ

長いもとかぼちゃのシャキシャキとした食感が楽しい！
ごまの香ばしい風味があとを引きます。

●材料（4人分）

1人分 405kcal	調理時間 20分

長いも …… 350g
かぼちゃ …… 350g
ベーコン …… 2枚(40g)
ごま油 …… 大さじ2
ごまドレッシング
　　　 …… 130g ▶ P.27
塩・こしょう …… 各少々
いりごま(白) …… 適量

●作り方

1 長いもは5㎝長さの細切りにし、酢水にさらして水気をきる。

2 かぼちゃは皮ごと3〜5㎝長さの細切りにする。

3 ベーコンは細切りにする。

4 フライパンにごま油を熱してベーコンを炒め、かぼちゃ、長いもを順に加える。野菜にシャキシャキとした歯応えが残るように炒め、ドレッシング、塩、こしょうで味をととのえる。

5 器に盛り、いりごまを振る。

白菜とパインのサラダ

子どももよろこぶパイン入りのサラダ。
トロピカルな味わいは洋食と相性◎。

●材料（4人分）　1人分 154kcal ｜ 調理時間 10分

白菜 …… 1/4個(500g)	レーズン …… 30g
にんじん …… 1/3本(50g)	コールスロードレッシング
パイナップル（缶詰）	…… 100g ▶P.21
…… 4切れ	ミント …… 適宜

●作り方

1　白菜は細切りに、にんじんはせん切りにする。

2　パイナップルは液ぎりし、いちょう切りにする。

3　1、2とドレッシング、レーズンをあえて器に盛り、お好みでミントを添える。

かぶとグレープフルーツの
さっぱりサラダ

グレープフルーツのさわやかな甘酸っぱさ。
和食や、魚介を使った料理におすすめです。

●材料（4人分）　1人分 91kcal ｜ 調理時間 20分

かぶ …… 4個(320g)	スイートコーン（ホール缶）
キャベツ …… 1/4個(250g)	…… 50g
きゅうり …… 1本(100g)	柑橘ドレッシング
ラディッシュ …… 1個	…… 75g ▶P.20
グレープフルーツ …… 1/2個	

●作り方

1　かぶは茎と皮を除いてくし形切りに、キャベツは色紙切りにして、軽く塩もみして水気を絞る。きゅうり、ラディッシュは薄い輪切りにする。グレープフルーツは房から実を取り出す。スイートコーンは液ぎりする。

2　1を混ぜ合わせ、ドレッシングであえる。

かぼちゃのパプリカマリネ

パプリカの彩りでビタミンカラー全開！
かぼちゃのホクホク食感も楽しんで。

●材料（4人分）　1人分84kcal｜調理時間30分

かぼちゃ……250g
パプリカ（赤）……20g
パプリカ（黄）……20g
フレンチオニオン
　ドレッシング
　……50g ▶P.20

粉チーズ……少々
イタリアンパセリ……適宜

●作り方

1　かぼちゃはひと口大に切り、160℃の油で素揚げする。

2　パプリカはみじん切りにし、ドレッシングと混ぜ合わせる。

3　1を2に入れてあえ、なじませる。

4　器に盛り、粉チーズを振り、お好みでイタリアンパセリを添える。

ズッキーニのミントマリネ

蛇腹切りのズッキーニはやわらかく味しみも◎。
ミント香るオリーブオイルがおとなの味わいに。

●材料（4人分）　1人分86kcal｜調理時間15分

ズッキーニ……2本（420g）
ペパーミント……15g
エキストラバージン
　オリーブオイル
　……大さじ5

塩・こしょう……各少々
白ワインビネガー
　……大さじ1

●作り方

1　ズッキーニは蛇腹切り（細かく切れ目を入れ、1.5cm幅に切る）にする。▶P.227

2　フライパンにオリーブオイル大さじ2を入れ、1を焼く。

3　火が通ったら塩、こしょう、白ワインビネガー、オリーブオイル大さじ3を加えてなじませ、火を止めてミントを加える。

4　保存容器に入れて冷蔵庫で冷ます。

ミックスビーンズの ガーリックマリネ

ワインにも合うイタリアンカラーのサラダ。
具だくさんで栄養バランスもよいひと皿です。

●材料（4人分）

1人分 209kcal｜調理時間 25分

じゃがいも …… 中1個（150g）
ブロッコリー …… 90g
鶏肉（もも）…… 100g
ミニトマト …… 8個
プロセスチーズ …… 30g
ミックスビーンズ（水煮）…… 120g
スイートコーン（ホール缶）…… 30g
塩・こしょう …… 各少々
酒 …… 少々

A
塩 …… 小さじ 2/3
砂糖 …… 小さじ 1/2
にんにく（すりおろし）
　…… 小さじ 1/3
酢 …… 大さじ 1 1/2
オリーブオイル …… 大さじ2

●作り方

1 じゃがいもは皮をむいてひと口大に切り、ゆでる。ブロッコリーは小房に分けて塩ゆでする。

2 鶏肉は耐熱の器に入れ、塩、こしょう、酒を振って電子レンジで2分程加熱して完全に火を通し、ひと口大に切る。

3 ミニトマトは半分に切り、プロセスチーズは角切りにする。

4 1〜3、液ぎりしたミックスビーンズ、スイートコーンを混ぜ、よく混ぜ合わせたAを加えてあえる。

パリパリとおいしい！
3色のリボンサラダ

薄く切った野菜の食感が楽しい！
あっさりとした味付けで、箸休めにもぴったり。

●材料（4人分） 1人分71kcal｜調理時間10分

きゅうり ……1本（100g）　　かつお節 ……少々
大根 ……1/4本（250g）　　和風ドレッシング
にんじん ……2/3本（100g）　　……90g ▶P.26

●作り方

1 きゅうり、大根、にんじんはピーラーでゆっくりと帯状
にスライスし、水にさらしてよく冷やし、水気をきる。

2 器に盛り、かつお節をのせ、ドレッシングをかける。

真っ赤なミニトマトの
sweetマリネ

コロコロとしてキュートなデザート風マリネ。
ほどよい酸味と甘い後味がクセになります。

●材料（4人分） 1人分109kcal｜調理時間15分

ミニトマト
　……2パック（300g）
A ┌ 柑橘ドレッシング
　│　……420g
　│　▶P.20
　└ はちみつ ……大さじ5
ミント ……適宜

Point

"サッと湯むき"で
みずみずしさをキープ

ミニトマトは湯に入れて5秒程度で
すぐに引き上げて。加熱を短時間に
することで表面がきれいにむけ、み
ずみずしさや弾力も残せます。

●作り方

1 ミニトマトはヘタを取り、5秒程熱湯にくぐらせて冷水
に取り、湯むきする。

2 よく混ぜ合わせたAに1を加え、冷蔵庫で6～12時間
漬け込む。

3 器に入れ、お好みでミントをのせる。

浅漬け風スティックサラダ

グレープフルーツの酸味がさわやか！
野菜を切って漬け込むだけの簡単レシピ。

●材料（4人分） | 1人分71kcal | 調理時間15分 |

大根 …… ⅓本（330g）
きゅうり …… 1本（100g）
セロリ …… 1本（200g）
にんじん …… 1本（150g）
グレープフルーツ …… ¼個

A
水 …… 1カップ
サラダ油 …… 大さじ1
酢 …… 大さじ½
塩 …… 小さじ1½
レモン汁 …… 小さじ1
砂糖 …… 小さじ1弱

●作り方

1 大根、きゅうり、セロリ、にんじんは太めのスティック状に切ってから、食べやすい大きさの乱切りにする。

2 グレープフルーツは房から実を取り出す。

3 **A**をよく混ぜ合わせてマリネ液を作り、*1*と*2*を入れて冷蔵庫で3時間〜ひと晩漬け込む。

3種のきのこのさっぱりサラダ

具だくさん＆いろいろな食感で、
ヘルシーなのに大満足！

●材料（4人分） | 1人分52kcal | 調理時間25分

しめじ……1パック(100g)　　にんじん……2/3本(100g)
えのきたけ　　　　　　　　グリーンリーフ……1枚
　……1パック(100g)　　　和風ドレッシング
マッシュルーム(ホール缶)　　……45g ▶P.26
　……120g　　　　　　　いりごま(白)……少々
きゅうり……1本(100g)

●作り方

1 しめじは石づきを取って小房に分け、えのきたけは石
づきを取り半分に切ってそれぞれゆで、冷ましておく。
マッシュルームは液ぎりしておく。

2 きゅうりは斜めの半月切りにする。にんじんはいちょう
切りにしてゆでたあと、水で冷やす。グリーンリーフは
食べやすい大きさに切る。

3 *1*と*2*をドレッシングであえ、器に盛り、いりごまを振
る。

カラフル野菜の
ハニービネガーピクルス

はちみつのやさしい甘さがほんのり広がる
酸味をおさえたピクルスです。

●材料（4人分） | 1人分35kcal | 調理時間15分

パプリカ(黄)……1/2個(80g)　　┌ 酢……150g
きゅうり……70g　　　　　　　│ はちみつ
セロリ……45g　　　　　　 **A**│　……大さじ4½
大根……60g　　　　　　　　└ 塩……小さじ1
ミニトマト……9個　　　　　オリーブオイル
　　　　　　　　　　　　　　　……大さじ1½
　　　　　　　　　　　　　バジル(乾燥)……少々

●作り方

1 鍋に**A**を入れて火にかけ、はちみつが溶けたら火を止
める。粗熱を取り、オリーブオイルを加えて混ぜる。

2 パプリカは乱切りに、きゅうりはスティック状に切る。

3 セロリ、大根はスティック状に切り、さっとゆでる。

4 ミニトマトはヘタを取り、5秒程熱湯にくぐらせて冷水
に取り、湯むきする。

5 保存容器に*1*～*4*とバジルを入れ、冷蔵庫で1時間以
上漬け込む。

ゴーヤーとチーズの和風だしあえ

ゴーヤーの苦味をチェダーチーズがマイルドに。
かつお節の風味が利いた、日本酒にぴったりのひと皿。

●材料（4人分）

| 1人分109kcal | 調理時間20分 |

ゴーヤー……1本(240g)
チェダーチーズ……50g
むき枝豆……50g
かつお節……10g
和風だし(顆粒)……少々
A めんつゆ(2倍濃縮)……大さじ2
だし汁……小さじ2/3
みりん……小さじ1
ごま油……小さじ1

●作り方

1 ゴーヤーを縦半分に切り、スプーンで種とわたを取って薄切りにする。和風だしを加えた熱湯でゆでて冷ます。
2 チェダーチーズは5mmの角切りにする。
3 ボウルに1、2、枝豆、半量のかつお節を入れ、よく混ぜ合わせたAを加えてあえる。
4 器に盛り、残りのかつお節をのせる。

うま味仕立てのれんこんサラダ

醤油ベースのまろやかなドレッシングが
個性の強い根菜をバランスよくまとめます。

●**材料（4人分）** | 1人分 130kcal | 調理時間 20分 |

れんこん …… 中1節（200g）	三つ葉 …… 10g
にんじん …… 2/3本（100g）	和風あわせ味ドレッシング
ごぼう …… 50g	…… 60g ▶ P.27

●**作り方**

1 れんこんは半月切りにし、酢水につけたあとゆでる。

2 にんじんは半月切りにし、塩ゆでする。

3 ごぼうはささがきにし、酢水にさらしてゆでる。三つ葉
はさっとゆで、3cm長さに切る。

4 *1*〜*3*をドレッシングであえる。

揚げなすの中華サラダ

素揚げして香ばしさを増したなすとししとうを
ノンオイルドレッシングでさっぱりとどうぞ。

●**材料（4人分）** | 1人分 157kcal | 調理時間 25分 |

なす …… 4本（320g）	長ねぎ（白い部分） …… 少々
ししとう …… 8本	ノンオイルドレッシング
ベーコン …… 2枚（40g）	中華 …… 60g ▶ P.25

●**作り方**

1 なすはヘタを取って1.5cm厚さの輪切りにし、ししとう
はつまようじなどで穴を開け、それぞれ素揚げする。

2 ベーコンは1cm幅に切って、からいりする。長ねぎは白
髪ねぎにする。

3 *1*を器に盛り、*2*をのせてノンオイルドレッシングをか
ける。

焼き野菜のマリネサラダ

フレンチオニオンドレッシングが野菜の甘味を引き立てます。
色とりどりの食材が目にもおいしいひと皿。

●材料 (4人分)　1人分 146kcal　調理時間 30分

さつまいも …… 1/2本(125g)
れんこん …… 中1/3節(67g)
ズッキーニ …… 1/3本(70g)
パプリカ(黄) …… 1/4個(40g)
かぼちゃ …… 40g
カリフラワー …… 40g
しめじ …… 40g
ミニトマト …… 4個
ベーコン …… 2枚(40g)
ハーブミックスソルト …… 少々
オリーブオイル …… 適量
フレンチオニオンドレッシング …… 100g ▶ P.20

●作り方

1 さつまいもは4cm長さのスティック状に切る。れんこんとズッキーニは1cm厚さの輪切りにする。パプリカとかぼちゃは乱切りにし、カリフラワーは小房に分ける。しめじは石づきを取り、食べやすい大きさにほぐす。

2 1とミニトマトをボウルに入れ、ハーブミックスソルト、オリーブオイルを全体に絡める。

3 ミニトマト以外の2を200℃に予熱しておいたオーブンで10分程、それぞれ火の通り具合を確認しながら焼く。

4 4cm幅に切ったベーコンとミニトマトは200℃のオーブンで5分程焼く。

5 保存容器に3と4、ドレッシングを入れて冷蔵庫で1時間以上漬け込む。

なすとズッキーニと
トマトのグリルサラダ

夏野菜のおいしさをぎゅっと詰め込んだひと品。
ころんとかわいいトマトカップが食卓に華を添えます。

Point
トマトは熟れすぎていない、張りのあるものをチョイス

トマトは加熱するとすぐやわらかくなるので、ほどよく熟して張りのあるものを選びましょう。また、調理の際は炒めた具材が熱いうちにすぐ詰めてオーブントースターへ入れるのがGOOD。

●材料 (4人分)

| 1人分 **174kcal** | 調理時間 **25分** |

トマト …… 4個 (600g)
なす …… ³⁄₄本 (60g)
ズッキーニ …… ¹⁄₃本 (70g)
ベーコン …… 3枚 (60g)
オリーブオイル …… 大さじ1½
塩・こしょう …… 各少々
イタリアンドレッシング
　　…… 75g ▶ **P.21**
粉チーズ …… 少々

●作り方

1. トマトはヘタごと上部を切り落とし (フタにするので取っておく)、果肉をスプーンでくり抜いて器を作る。果肉は角切りにする。

2. なすとズッキーニは1cm幅のいちょう切りに、ベーコンは短冊切りにする。

3. フライパンにオリーブオイルを熱し、2を炒める。塩、こしょうで下味を付けてフライパンから取り出す。

4. 3が熱いうちにトマトの果肉と合わせ、ドレッシングであえる。

5. 1のトマトの器に詰めて粉チーズを振る。1のトマトのフタと並べて予熱しておいたオーブントースターで3〜5分焼く。

きのこと油揚げの和風サラダ

さっと焼いた油揚げが
コクと香り、食感をプラス。

●材料（4人分） 1人分 99kcal ｜ 調理時間 15分

しめじ ……2パック（200g）　　三つ葉 ……10g
えのきたけ　　　　　　　　　和風具入りドレッシング
　……2パック（200g）　　　……80g ▶P.26
油揚げ ……2枚（40g）

●作り方

1 しめじ、えのきたけは石づきを取ってほぐし、さっとゆでる。

2 油揚げはオーブントースターでこんがり焼き、短冊切りにする。

3 三つ葉は2cm長さに切る。

4 1〜3をドレッシングであえる。

エビとさつまいもの
チョップドサラダ

すべての材料を細かくきざんだ彩り豊かなサラダ。
スプーンでパクッとめしあがれ。

●材料（4人分） 1人分 134kcal ｜ 調理時間 20分

さつまいも ……90g　　　　　マヨネーズ
エリンギ ……2本（60g）　　　　……大さじ3
きゅうり ……½本（50g）　　A　ケチャップ
トマト ……½個（75g）　　　　……大さじ1½
むきエビ ……7尾（70g）　　　ローズマリー ……適宜
スイートコーン（ホール缶）
　……40g

●作り方

1 さつまいも、エリンギ、きゅうり、トマトは5mmの角切りにする。

2 さつまいも、エリンギをそれぞれゆでる。エビは塩ゆでし、1cm幅に切る。

3 Aを混ぜ合わせ、2、きゅうり、トマト、液ぎりしたスイートコーンを加えて混ぜ合わせる。器に盛り、お好みでローズマリーを添える。

ゴーヤーと厚揚げの
ボリュームサラダ

ごま油&いりごまを使った香ばしさがたまらない！
食べ始めたら止まらない、ごはんにも合うひと皿です。

● 材料（4人分）

1人分 226kcal	調理時間 25分

ゴーヤー …… 1本（240g）
厚揚げ …… 1枚（200g）
いんげん …… 4本
ヤングコーン（水煮）
　　 …… 10本
ベーコン …… 2枚（40g）
すりおろし玉ねぎドレッシング
　　 …… 70g　▶ P.27
ごま油 …… 大さじ1弱
いりごま（白）…… 小さじ1

● 作り方

1　ゴーヤーは縦半分に切ってスプーンで種とわたを取り、薄切りにする。塩でもみ、水洗いする。

2　厚揚げは半分に切ってから1cm厚さに切り、軽くゆでる。

3　いんげんは半分に切って塩ゆでする。ヤングコーンは液ぎりする。

4　ベーコンは短冊切りにして、からいりする。

5　1〜4を混ぜ合わせ、ドレッシング、ごま油、いりごまを加えてあえる。

紅白大根の焼きサラダ
～大根葉のせ～

大根を余すことなく味わうサラダ。
大根の葉を使ったドレッシングがお酒によく合います。

● 材料 (4人分) 　1人分 61kcal ｜ 調理時間 10分

大根 …… 120g	塩・こしょう …… 各少々
紅芯大根 …… 90g	すりおろし玉ねぎ
にんにく …… 1片	ドレッシング
大根の葉 …… 80g	…… 40g ▶P.27
サラダ油 …… 少々	かつお節 …… 5g

● 作り方

1 大根、紅芯大根は5mm厚さの輪切りにして表面に薄く格子状の切り込みを入れる。にんにくは薄切りにする。大根の葉は粗みじん切りにする。

2 フライパンにサラダ油を熱してにんにくを入れ、にんにくに薄く色が付いたら弱火にして大根、紅芯大根を入れる。両面に薄く焼きめが付いたらフタをして蒸し焼きにし、塩、こしょうで下味を付けて取り出す。

3 2のフライパンで大根の葉を炒め、火が通ったら、火を止めてからドレッシングとかつお節を加え、あえる。

4 器に2を盛り、3をのせる。

揚げなすのおろしあえ

シンプルな揚げなすを大根おろしと和風ドレッシングで。
あとひと品ほしいときにぴったりのあっさりメニューです。

● 材料 (4人分) 　1人分 132kcal ｜ 調理時間 20分

なす …… 4本(320g)	いりごま(白) …… 少々
かいわれ大根 …… 少々	和風ドレッシング
大根おろし …… 50g	…… 大さじ3 ▶P.26

● 作り方

1 なすはヘタを落として乱切りにし、素揚げにする。

2 かいわれ大根は根を切り落とす。

3 油をきった1を器に盛り、大根おろし、かいわれ大根、いりごまを散らし、ドレッシングをかける。

きのことじゃがいもの
ホットサラダ

きのこの豊かな風味に、アンチョビの塩気がアクセント。
シンプルなフレンチドレッシングを使った炒めサラダ。

●材料（4人分）

| 1人分 132kcal | 調理時間 30分 |

しめじ……30g
まいたけ……30g
エリンギ……1本(30g)
えのきたけ……30g
マッシュルーム(生)……2個(30g)
じゃがいも……中1個(150g)
ぎんなん(水煮)……20g

A ┌ フレンチドレッシング
　　 │ ……50g ▶P.20
　　 │ アンチョビ(缶詰・みじん切り)
　　 └ ……少々

サラダ油……大さじ2
にんにく(みじん切り)……10g
塩・こしょう……各少々
イタリアンパセリ……適宜

●作り方

1 しめじは石づきを取って小房に分ける。まいたけは食べやすく割く。エリンギは3cm長さに切って薄切りにする。えのきたけは石づきを取って3cm長さに、マッシュルームは¼に切る。

2 じゃがいもは芽を取り、皮ごとひと口大に切って竹串がすっと刺さるまでゆでる。

3 フライパンにサラダ油を熱してにんにくを炒め、きのこと液ぎりしたぎんなんを加える。きのこがしんなりしたら塩、こしょうで下味を付ける。

4 2を温かいうちに入れ、混ぜ合わせたAを加えてさっと炒めて器に盛り、お好みでイタリアンパセリを散らす。

サラダほうれん草とトマトのサラダ
～バジル風味～

トマトの赤とほうれん草の緑が華やか！
生バジルの風味が楽しめる贅沢なひと皿です。

●材料（4人分） 1人分136kcal｜調理時間15分

ベーコン……3枚（60g）
トマト……1個（150g）
サラダほうれん草
　……1束（200g）
粉チーズ……少々
バジルドレッシング
　……75g ▶P.22

●作り方

1 ベーコンは短冊切りにし、フライパンでからいりする。

2 トマトはひと口大に、サラダほうれん草は食べやすい長さに切る。

3 1、2を器に盛り、粉チーズを振ってドレッシングをかける。

焼きポテトと
ブロッコリーのサラダ

皮付きポテトの香ばしさと、温野菜の甘味を堪能。
おつまみにぴったりのひと品です。

●材料（4人分） 1人分197kcal｜調理時間20分

じゃがいも
　……中2個（300g）
ブロッコリー
　……1株（300g）
にんじん……⅓本（50g）
ゆで卵……2個
サラダ油……適量
A シーザーサラダ
　ドレッシング
　……50g ▶P.21
　ケチャップ……15g

●作り方

1 じゃがいもは芽を取り、皮付きのまま1cm弱の厚さに切り、多めのサラダ油を熱したフライパンできつね色になるまで両面を焼く。

2 ブロッコリーは小房に分け、にんじんは輪切りにして、それぞれ塩ゆでする。

3 ゆで卵はくし形切りにする。

4 器に1～3を盛り、混ぜ合わせたAをかける。

米なすの
マヨネーズ焼き

やわらかいなすにトマトの酸味や玉ねぎの甘味がじんわり。
オリーブオイル＆チーズの風味がワインによく合います。

●材料（4人分）

1人分190kcal	調理時間40分

米なす……2個(500g)
トマト……1/2個(75g)
玉ねぎ……3/4個(150g)
オリーブオイル……大さじ2
にんにく(すりおろし)……小さじ1
白ワイン……大さじ1
マヨネーズ……少々
粉チーズ……10g

A
┌ シュレッドチーズ……30g
│ マヨネーズ……大さじ2
│ 塩・こしょう……各少々
└ パセリ(みじん切り)……少々

●作り方

1 米なすはヘタごと縦半分に切り、果肉をくり抜いて器を作る。果肉は1cmの角切りにする。

2 トマトは皮をむき、種を取って1cmの角切りにする。玉ねぎは1cmの角切りにする。

3 鍋にオリーブオイルを熱し、にんにく、玉ねぎ、なすの果肉、トマトの順に炒め、白ワインを加えて軽く炒めたら火を止め、いったん冷ます。

4 3にAを加えて混ぜ合わせる。

5 4を1のなすの器に詰める。マヨネーズ、粉チーズをかけ、200℃に予熱しておいたオーブンで15分程、こんがりと焼きあげる。

3種のきのことディルの
レンジマリネ

食感のちがう3種類のきのこをまろやかなドレッシングでマリネ。
さわやかなディルの風味と玉ねぎの甘味が食欲をそそります。

●材料（4人分）

| 1人分71kcal | 調理時間20分 |

しめじ …… 2パック（200g）
えのきたけ …… 1½パック（150g）
エリンギ …… 1パック（100g）
紫玉ねぎ …… ⅓個（50g）
ディル …… 少々
クリーミー玉ねぎドレッシング
　　…… 50g ▶ P.24

●作り方

1　しめじ、えのきたけは石づきを取ってそれぞれほぐす。エリンギは横半分に切ってから薄切りにする。

2　*1* を耐熱の器に入れて電子レンジで6分加熱し、しっかりと水気をきる。

3　紫玉ねぎは薄切りにして水にさらし、水気をきる。

4　ディルはトッピング用を残して細かくきざみ、ドレッシングと混ぜ合わせる。

5　*2*～*4* を混ぜ合わせる。

6　器に盛り、トッピング用のディルをのせる。

ツナとキャベツの
ホットマヨネーズあえ

キャベツをもりもり食べられる
こっくりおいしいツナマヨネーズサラダ。

●材料（4人分） 1人分326kcal ｜ 調理時間15分

ツナ（缶詰）……165g		水……¾カップ
キャベツ……½個（500g）	**A**	めんつゆ（2倍濃縮）
マヨネーズ……100g		……大さじ2
		塩……少々

●作り方

1 ツナは油ぎりし、キャベツはざく切りにする。

2 鍋に**A**を入れて火にかけ、沸騰したらキャベツを加えてさっとゆでる。

3 ツナをマヨネーズであえ、汁気をしっかりきった2と合わせる。

温野菜のかんたんサラダ

野菜を切って、レンジでチンするだけで
見映えのする温野菜サラダのできあがり！

●材料（4人分） 1人分55kcal ｜ 調理時間25分

ブロッコリー……50g		かぶ……½個（40g）
アスパラガス……2本		ごまドレッシング
にんじん……⅓本（50g）		……25g ▶P.27
じゃがいも		
……中½個（75g）		

●作り方

1 ブロッコリーは小房に分ける。アスパラガスは¼に、にんじんは8mm厚さの輪切りに、じゃがいもは皮をむいて小さめの乱切りに、かぶは皮をむいてひと口大の乱切りにする。

2 1を水洗いし、じゃがいもと他の野菜に分けてそれぞれ耐熱の器に入れ、じゃがいもは2分、他の野菜は1分30秒を目安に電子レンジで加熱する。

3 器に盛り、ドレッシングをかける。

カラフル野菜の
ソテーサラダ

カラフルな野菜の甘味をシンプルに楽しむ、
ボリュームたっぷりの炒めサラダ。

●材料（4人分）

| 1人分 180kcal | 調理時間 25分 |

ズッキーニ……180g
玉ねぎ……½個（100g）
かぼちゃ……300g
パプリカ（赤）……1個（160g）
パプリカ（黄）……1個（160g）
マッシュルーム（生）……4個（60g）
ベーコン……2枚（40g）
オリーブオイル……適量
イタリアンドレッシング
　　……45g ▶ P.21
フライドガーリック……少々

●作り方

1　ズッキーニ、玉ねぎは輪切り
　　にする。かぼちゃはひと口大
　　に切り、かためにゆでる。パプ
　　リカは乱切りにする。マッ
　　シュルームは薄切りにする。

2　ベーコンは短冊切りにして、
　　フライパンでからいりする。

3　フライパンにオリーブオイル
　　を熱し、1のかぼちゃ以外の野
　　菜を入れて火が通るまで炒
　　め、かぼちゃを加えてさらに
　　炒める。

4　3とドレッシングをあえて器
　　に盛り、2とフライドガーリッ
　　クを散らす。

ホクホクポテトと
にんにくの味噌バターがけ

加熱したにんにくは、くさみが抜けてホクホクに！
じゃがいもと一緒に、相性抜群の味噌バターでどうぞ。

●材料（2人分） 1人分206kcal │ 調理時間60分

じゃがいも			味噌 …… 大さじ1½
…… 中2個(300g)			バター ……10g
にんにく…… 4片		A	砂糖 …… 小さじ2
いりごま(白) …… 少々			酒 …… 少々
小ねぎ(小口切り) …… 少々			みりん …… 小さじ½

●作り方

1 じゃがいもは芽を取る。にんにくは薄皮をむいて縦半分に切り、芯を取り除く。

2 1を蒸し器にかけ、にんにくは火が通ったら先に取り出す。じゃがいもは竹串がすっと刺さるまで蒸し、皮付きのまま大きめに切る。

3 Aを鍋に入れて火にかけ、焦げないようによく混ぜ合わせながら温める。

4 2を器に盛り、3をかけ、いりごまと小ねぎを散らす。

根菜のフライサラダ

素揚げすることでうま味と甘味が凝縮！
お酒のアテにぴったりのひと皿です。

●材料（4人分） 1人分84kcal │ 調理時間20分

れんこん …… 中½節(100g)	ししとう …… 4本
ごぼう …… 150g	ノンオイルドレッシング
なす …… 1本(80g)	中華 …… 45g ▶P.25

●作り方

1 れんこんは薄切りにし、ごぼうは斜め切りにしてそれぞれ酢水にさらす。なすは斜め半月切りにする。ししとうはつまようじなどで穴を開けておく。

2 1を170℃の油で素揚げする。

3 器に盛り、ノンオイルドレッシングをかける。

3種のきのこのイタリアン炒め

きのこの食感と彩りが楽しいホットサラダ。
隠し味のにんにくが食欲をそそります。

●**材料 (4人分)** 　1人分55kcal　│　調理時間25分

マッシュルーム(生) …… 4個(60g)
にんにく …… 1片
しめじ …… 1パック(100g)
えのきたけ …… 1パック(100g)
いんげん …… 5本
パプリカ(赤) …… 1/2個(80g)
パプリカ(黄) …… 1/2個(80g)
オリーブオイル …… 適量
イタリアンドレッシング …… 30g　▶P.21
塩 …… 少々
黒こしょう(粗挽き) …… 少々

●**作り方**

1　マッシュルーム、にんにくは薄切りにする。

2　しめじ、えのきたけは石づきを取ってほぐす。

3　いんげんは斜め半分に切って塩ゆでする。

4　パプリカは細切りにする。

5　フライパンにオリーブオイルを熱してにんにくを炒め、香りが立ったら1〜4を順に炒める。

6　ドレッシング、塩、黒こしょうを加えて軽く炒める。

こんがり野菜の
チーズ風味サラダ

野菜の甘味を存分に味わえる、
シンプルで贅沢なサラダです。

●材料（4人分） 1人分 156 kcal | 調理時間 25分

カリフラワー …… 100g
かぼちゃ …… 250g
ズッキーニ …… ½本(105g)
なす …… 2本(160g)
パプリカ(赤) …… ½個(80g)
パプリカ(黄) …… ½個(80g)
オリーブオイル …… 適量
シーザーサラダ
　ドレッシング …… 50g
▶ P.21

●作り方

1 カリフラワーは小房に分けて塩ゆでする。かぼちゃと
　ズッキーニは1cm厚さに切る。なすはヘタを落として
　くし形切りにし、皮に切れ目を入れる。パプリカはひと
　口大に切る。

2 フライパンにオリーブオイルを熱し、1を焼きめが付く
　まで焼く。

3 器に盛り、ドレッシングをかける。

グリル玉ねぎの
たっぷりきのこ添え

シンプルに丸焼きした甘〜い玉ねぎに、
きのこをたっぷり添えた豪快メニュー!

●材料（4人分） 1人分 123 kcal | 調理時間 70分

玉ねぎ …… 2個(400g)
しめじ …… 1パック(100g)
しいたけ …… 4個(60g)
バター …… 40g
塩・こしょう …… 各少々
醤油 …… 小さじ1

●作り方

1 玉ねぎは根の部分を切り、皮ごと（汚れのある皮はは
　がす）アルミ箔で包み、200℃に予熱しておいたオーブ
　ンで50〜60分焼く。

2 しめじは石づきを取って小房に分ける。しいたけは石
　づきを取って薄切りにする。

3 フライパンにバターを熱して2を炒め、しんなりしてき
　たら塩、こしょう、醤油で味をととのえる。

4 1を食べやすく切って器に盛り、3を添える。

きゅうりとみょうがの
ジンジャーマリネ

しょうがとみょうがが利いた夏バテ解消メニュー。
夏野菜と香味野菜の組み合わせで、さっぱり食べられます。

●材料（4人分）

1人分74kcal	調理時間10分

なす……2本(160g)
みょうが……4個(60g)
きゅうり……2本(200g)
にんじん……40g
しょうが……40g
ツナ(缶詰)……40g

A
 ┌ 醤油……大さじ3
 │ 酢……大さじ3
 └ 砂糖……大さじ1

●作り方

1 なす、みょうが、きゅうりは縦
 ¼に切ってから食べやすい長
 さに切る。にんじん、しょうが
 はせん切りにする。

2 1にAと軽く油ぎりしたツナを
 入れて混ぜ合わせ、冷蔵庫に
 入れて30分以上漬け込む。

Point

さっぱりとした野菜には、
ツナ缶でコクをプラス

淡泊な野菜の組み合わせですが、香
味野菜の風味と、ツナのうま味がベス
トマッチ。ツナはフレーク状のものを
選ぶと味が絡みやすくなり、うま味が
全体に広がります。

ゴーヤーとみょうがの
すっきりごま酢あえ

暑い日にもうれしいゴーヤーを使った涼風あえもの。
隠し味のはちみつが苦味をまろやかにしてくれます。

●材料 (4人分)

| 1人分 94kcal | 調理時間 15分 |

ゴーヤー …… 1本(240g)
玉ねぎ …… ½個(100g)
みょうが …… 2個(30g)
ツナ(缶詰) …… 1缶(70g)
塩昆布 …… 6g
A [酢 …… 大さじ2
醤油 …… 小さじ2
ごま油 …… 小さじ2
はちみつ …… 小さじ1]
いりごま(白) …… 少々

●作り方

1 ゴーヤーは縦半分に切り、ス
プーンで種とわたを取って薄
切りにし、塩ゆでにする。

2 玉ねぎは薄切りにし、水にさ
らす。みょうがは薄切りにし、
さっと水にさらす。

3 *A*を混ぜ合わせ、1、2と油ぎ
りしたツナ、塩昆布を加えて
混ぜる。

4 器に盛り、いりごまを振る。

Point

玉ねぎとみょうがの
水にさらす時間の差に注意

玉ねぎは辛味が抜けるまで5分程水
にさらしますが、みょうがは香りが抜け
やすいので、さっとさらしてすぐ水をき
りましょう。水にさらす時間を使い分
けることで、シャキッとした歯応えと、
野菜の風味をいかせます。

かぶと春菊のうま味サラダ

淡泊なかぶとクセのある春菊は
味を引き立てあう絶妙のコンビです。

●材料（4人分） 1人分80kcal ｜ 調理時間20分

かぶ …… 4個(320g)
きゅうり …… 1本(100g)
春菊(葉先) …… 40g

和風具入りドレッシング
…… 90g ▶P.26

●作り方

1 かぶは葉と皮を除いてくし形切りにし、塩もみしてから軽く水気をきる。
2 きゅうりは斜め半月切りにする。
3 春菊は食べやすい長さに切る。
4 1〜3をドレッシングであえる。

トマトとオクラの和風サラダ

玉ねぎとかつお節がおいしさを引き立てる！
オクラとの組み合わせで食感も楽しめます。

●材料（4人分） 1人分67kcal ｜ 調理時間15分

トマト …… 1個(150g)
オクラ …… 10本
玉ねぎ …… 1/4個(50g)

かつお節 …… 少々
和風ドレッシング
…… 80g ▶P.26

●作り方

1 トマトはヘタを取り、12等分のくし形切りにする。
2 オクラはかたいガクを取って塩ゆでし、水に取って冷ましてから斜め半分に切る。
3 玉ねぎは薄切りにし、水にさらす。
4 1〜3を器に盛り、かつお節、ドレッシングをかける。

ランチタイムが楽しくなる
お弁当サラダ

ハムとセロリの
フレンチマリネ

洋風弁当にも和風弁当にも合うさわやかな味。
シャキシャキとした食感は箸休めにぴったり。

●材料 (2人分) | 1人分100kcal | 調理時間10分

セロリ(茎) …… 100g
セロリ(葉) …… 少々
玉ねぎ …… 1/8個(25g)
ロースハム …… 1枚
サラダ油 …… 適量

A {
フレンチ
　ドレッシング
　…… 大さじ3
　▶P.20
粒マスタード
　…… 少々
}

●作り方

1 セロリは茎を4cmの細切りにし、葉を細かくきざむ。玉ねぎは薄切りに、ハムは細切りにする。

2 フライパンにサラダ油を熱し、1をサッと炒めて混ぜ合わせたAを加え、さらに炒め合わせる。

チキンと温野菜の
クリーミーサラダ

しっとりとした鶏肉に緑とオレンジの野菜。
食感・彩り・満足感の3拍子そろったサラダです。

●材料 (2人分) | 1人分137kcal | 調理時間20分

鶏肉(むね)
　…… 1/3枚(90g)
いんげん …… 6本
にんじん …… 25g
塩・こしょう …… 各少々

サラダ油 …… 適量
酒 …… 少々
クリーミー玉ねぎ
　ドレッシング …… 30g
　▶P.24

●作り方

1 鶏肉は塩、こしょうをまぶし、サラダ油を熱したフライパンに入れて弱火で焼き、酒を加えて蒸し焼きにする。焼きあがったら細切りにする。

2 いんげんは3cm長さに切り、にんじんは拍子木切りにして、それぞれ塩ゆでする。

3 1、2をドレッシングであえる。

少量ながらも満足度は◎！　お弁当を彩るサラダをご紹介。
どれも加熱して作るので、水気が出にくく、味もしっかりしみ込んだものです。
おかずに悩んだときなどに、ぜひトライしてみて。

かぼちゃとさつまいもの
スイートサラダ

はちみつ入りマヨネーズがまろやか。
ホクホク甘いスイーツ系サラダをお弁当に。

●材料（2人分）　1人分 113kcal　｜　調理時間 15分

かぼちゃ …… 50g	はちみつ …… 少々
さつまいも …… 25g	アーモンド（無塩）
レーズン …… 少々	…… 少々
マヨネーズ …… 大さじ1	

●作り方

1 かぼちゃとさつまいもはひと口大に切り、耐熱の器に入れて電子レンジで3分加熱し、粗熱を取る。
2 マヨネーズとはちみつをポリエチレン袋に入れ、手でもむようにして混ぜる。
3 2の袋に1とレーズンを入れて混ぜ合わせる。
4 粗くきざんだアーモンドをのせる。

ピーマンとちくわの梅肉炒め
～おかかあえ～

ごはんのおとも、梅肉とおかかで味付け。
定番素材のちくわとピーマンで目新しいひと品を。

●材料（2人分）　1人分 57kcal　｜　調理時間 10分

ピーマン …… 1個	醤油 …… 小さじ1
ちくわ …… 1本	かつお節 …… 少々
梅肉 …… 4g	いりごま（白）…… 少々
ごま油 …… 小さじ1	

●作り方

1 ピーマンは細切りに、ちくわは縦半分に切ってから斜め切りにする。
2 梅肉は包丁でたたいておく。
3 フライパンにごま油を熱して1を炒め、醤油、2を加えて炒め合わせる。
4 かつお節、いりごまを加えて軽くあえる。

黄パプリカと
セロリのマリネ

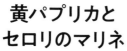

寿司酢＆レンチンで忙しい朝にサッとひと品。
鮮やかな黄色で彩りも抜群です。

●**材料（2人分）** 1人分 39kcal｜調理時間 15分

パプリカ（黄）
　……1/2個（80g）
セロリ……10g

A ┌ 寿司酢……大さじ2
　　　│ はちみつ
　　　└　……小さじ1/2

●**作り方**

1 パプリカは細切り、セロリはみじん切りにする。
　耐熱の器に入れて電子レンジで1分加熱し、水分
　をしっかりきる。

2 **A**を混ぜ合わせ、1を加えて10分程おいて味をな
　じませる。

お野菜
ナポリタン

スライスした野菜にケチャップがしっかり絡む！
野菜が苦手な子どももこれならおいしく完食♪

●**材料（2人分）** 1人分 50kcal｜調理時間 10分

にんじん……35g
ピーマン……15g
玉ねぎ……10g
ウインナー……1本

サラダ油……適量
ケチャップ……大さじ1/2
中濃ソース……少々
塩・こしょう……各少々

●**作り方**

1 にんじんはピーラーでゆっくりと帯状にスライス
　する。ピーマンは細切り、玉ねぎは薄切り、ウイ
　ンナーは輪切りにする。

2 フライパンにサラダ油を熱し、1を炒める。

3 ケチャップ、中濃ソースを加えて炒め、塩、こしょ
　うで味をととのえる。

ブロッコリーの
ナッツごまあえ

ブロッコリーをお弁当の定番・ごまあえに。
ごまにナッツを合わせて香ばしさをプラス。

●材料 (2人分)　1人分32kcal　調理時間10分

ブロッコリー …… 40g
めんつゆ（2倍濃縮）
　…… 大さじ1/2
すりごま(白)
　…… 小さじ1

お好みのナッツ
　（アーモンド、くるみ、
　カシューナッツなど）
　…… 3粒

●作り方

1　ブロッコリーは小房に分けて塩ゆでする。

2　めんつゆ、すりごま、粗くくだいたナッツを混ぜ合わせ、1を加えてあえる。

ポテトとベーコンの
ガーリックバター焼き

ガーリックの風味が食欲を誘う。
チーズとベーコンのコクで満足度もアップ。

●材料 (2人分)　1人分130kcal　調理時間15分

じゃがいも
　…… 中1/2個(75g)
ブロックベーコン
　…… 25g
にんにく…… 1/2片
バター …… 大さじ1/2

塩・こしょう……各少々
シュレッドチーズ
　…… 15g
パセリ(みじん切り)
　…… 適宜

●作り方

1　じゃがいもは芽を取り、皮付きのままラップをして電子レンジで2分程加熱し、皮をむいてひと口大に切る。

2　ベーコンは拍子木切りにし、にんにくは薄切りにする。

3　フライパンにバターを熱してにんにくを入れ、香りが立ったら1とベーコンを加えて軽く炒め、塩、こしょうで味をととのえる。

4　3にシュレッドチーズを加えて軽く溶かし、お好みでパセリを振る。

オリエンタル
ジャーマンポテト

スパイシーな新感覚ジャーマンポテト。
マヨネーズで口当たりまろやかに仕上げました。

●材料（2人分）　| 1人分 84kcal | 調理時間 20分 |

じゃがいも	┌ マヨネーズ
…… 中1/2個（75g）	…… 大さじ1/2
ベーコン …… 1/2枚（10g）	A 塩 …… 少々
玉ねぎ …… 10g	黒こしょう（粗挽き）
オリーブオイル …… 適量	…… 少々
	└ カレー粉 …… 少々
	パセリ（みじん切り）
	…… 適宜

●作り方

1　じゃがいもは皮をむいていちょう切りにし、耐熱の器に入れて電子レンジで2分加熱する。ベーコンは1cm幅に切り、玉ねぎは薄切りにする。

2　フライパンにオリーブオイルを熱し、ベーコン、玉ねぎ、じゃがいもの順に加えて炒める。

3　Aを混ぜ合わせ、2に加えて炒め合わせ、お好みでパセリを散らす。

ししとうのピリ辛ナムル
～柚子こしょう風味～

ごま油やにんにくの香りが絶妙！
ピリッとした辛さも白いごはんにぴったりです。

●材料（2人分）　| 1人分 56kcal | 調理時間 10分 |

ししとう …… 10本	┌ ノンオイル
ごま油 …… 小さじ2	ドレッシング
にんにく（すりおろし）	柚子こしょう
…… 少々	A …… 大さじ1 ▶ P.25
	すりごま（白）
	…… 小さじ1/2
	└ 一味唐辛子 …… 少々

●作り方

1　ししとうはヘタを取り、つまようじなどで穴を開けておく。

2　フライパンにごま油を熱し、にんにく、1を炒める。

3　Aを混ぜ合わせ、2に加えたらさっと炒めて火を止める。

4　フライパンから取り出し、一味唐辛子を振る。

PART 3

肉・魚介の
おかずサラダ

肉や魚をたっぷりの野菜と一緒に食べる
メインディッシュ級のサラダを集めました。
ドレッシングのひと味ちがう使い方や
素材の意外な組み合わせなど、
料理の幅がぐんと広がるレシピが満載です。

冷しゃぶのさっぱりサラダ

さっぱりとした大根おろしのドレッシングで
豚肉と野菜をたっぷり食べられるひと皿。

●材料 (4人分) | 1人分 147kcal | 調理時間 20分

豚肉 (薄切り) …… 350g
玉ねぎ …… 1/2個 (100g)
にんじん …… 1/3本 (50g)
レタス …… 250g

A
　大根おろし …… 大さじ2½
　酢 …… 大さじ2
　醤油 …… 大さじ1½
　玉ねぎ (すりおろし) …… 小さじ2
　和風だし (顆粒) …… 少々
　塩 …… 少々
　砂糖 …… 少々

●作り方

1 豚肉はゆでてから水に取って冷やし、ざるにあげておく。

2 玉ねぎは薄切りに、にんじんはせん切りにして、水にさらす。レタスは食べやすい大きさに切る。

3 1、2を交互に重ねて器に盛り、混ぜ合わせたAをかける。

Point

交互に重ねて具材をバランスよく盛りつけ

豚肉と野菜は交互に重ねて盛りつけます。こうすることで、具材の偏りがなくなり、バランスよく取り分けることができるようになります。

焼肉と揚げ根菜の
クリーミーサラダ

もっちり&ホクホクの根菜が主役。
クリーミーなドレッシングが具材のおいしさを引き立てます。

●材料（4人分） | 1人分274kcal | 調理時間30分

牛肉（もも薄切り）…… 200g
ブロッコリー …… 1/3株（100g）
ミニトマト …… 4個
長ねぎ（白い部分）…… 1/2本
里いも …… 4個（240g）
れんこん …… 40g
焼肉のたれ …… 大さじ2⅔
サラダ油 …… 適量
クリーミー玉ねぎドレッシング
　　…… 80g ▶P.24

●作り方

1 牛肉は食べやすい大きさに切り、焼肉のたれを絡めてからサラダ油を熱したフライパンで炒める。

2 ブロッコリーは小房に分け、塩ゆでする。ミニトマトは半分に切る。長ねぎは白髪ねぎにする。

3 里いもは乱切りにし、素揚げする。れんこんは乱切りにして酢水にさらし、水気をきって素揚げする。

4 器にブロッコリーと3、ミニトマトを盛り、1をのせる。

5 ドレッシングをかけ、白髪ねぎをのせる。

Point

酢水でれんこんの色を保つ

れんこんはカットしたら、あく抜きのため酢水にさらしましょう。れんこんの白さがキープされ、きれいに仕上がります。油がはねると危ないので、素揚げの前に水気はしっかりきって。

にんにくの芽と牛肉の
元気サラダ

牛肉とにんにくの芽のスタミナコンビを
さっとゆでてヘルシーサラダ仕立てに。

●材料（4人分） 1人分194kcal｜調理時間25分

牛肉(薄切り) …… 200g
にんにくの芽 …… 6本
玉ねぎ …… 1個(200g)
ヤングコーン(水煮) …… 4本
ピリ辛ねぎドレッシング …… 100g ▶P.28
糸唐辛子 …… 適宜

●作り方

1 牛肉はひと口大に切ってゆで、ざるにあげて冷水で冷ます。

2 にんにくの芽は5cm長さに切り、ゆでてから流水で冷やす。

3 玉ねぎは薄切りにして水にさらす。

4 ヤングコーンは液ぎりし、半分の斜め切りにする。

5 1〜4を合わせ、ドレッシングであえる。

6 器に盛り、お好みで糸唐辛子をのせる。

Point

牛肉がかたくならないように

牛肉は沸騰する前の湯にくぐらせて、完全に色が変わったら冷水に取ります。沸騰した湯でゆでてしまうと肉がかたくなってしまうので注意して。冷水で冷ましたら、水気をよくきってから使いましょう。

香味ゆで豚のサラダ
～ねぎ塩ソース～

ジューシーなゆで豚とシャキシャキとした香味野菜。
ピリ辛のねぎ塩ソースでおいしさ倍増！

●**材料 (4人分)** 1人分190kcal | 調理時間50分

豚肉(肩ブロック) …… 400g
塩・こしょう …… 各少々
長ねぎ(青い部分) …… 1本
しょうが …… 1片
長ねぎ(白い部分) …… 2/3本
みょうが …… 1個(15g)
かいわれ大根 …… 少々
レモン …… 1/2個

A
長ねぎ(白い部分・みじん切り) …… 1/3本
ごま油 …… 大さじ1½
塩 …… 小さじ½
黒こしょう(粗挽き) …… 小さじ½
鶏ガラスープ(顆粒) …… 少々

●**作り方**

1 豚肉は塩、こしょうをもみ込み、長ねぎの青い部分、しょうがと一緒に強火でゆでる。

2 沸騰したらあくを取って弱火にし、フタを少しずらして30～45分ゆでる。ゆで汁に入れたまま冷まして食べやすい大きさに切る。

3 長ねぎの白い部分は斜め薄切り、みょうがは細切り、かいわれ大根は根を切る。

4 耐熱の器にAを混ぜ合わせ、電子レンジで1分加熱する。

5 器に2、3、輪切りにしたレモンをのせ、4をかける。

Point

豚肉はゆで汁に入れたままで冷ます

豚肉をゆでたあとは、必ずゆで汁に入れた状態で冷ましましょう。ゆで汁につけておくことで肉のパサつきを防ぎ、しっとりと食感よく仕上がります。

野菜たっぷり！
あんかけ揚げごぼう

カリカリに揚げたごぼうが香ばしい！
野菜もたくさん食べられて満足感◎。

●材料（4人分） | 1人分235kcal | 調理時間40分

豚肉（バラ薄切り）…… 100g
ごぼう…… 150g
白菜…… 1/4個（500g）
玉ねぎ…… 1/4個（50g）
にんじん…… 1/3本（50g）
しいたけ…… 2個（30g）
長ねぎ（白い部分）…… 20g
酒…… 大さじ1
サラダ油…… 少々
塩・こしょう…… 各少々
小ねぎ（小口切り）…… 10g

A	水…… 1カップ
	鶏ガラスープ（顆粒）…… 5g
	オイスターソース…… 大さじ1
	醤油…… 小さじ1
B	片栗粉…… 小さじ4
	水…… 大さじ1

●作り方

1 豚肉は食べやすい大きさに切り、酒をよくもみ込んでおく。

2 ごぼうは洗って包丁の背で皮を削ぎ、20㎝長さに切ってからピーラーでゆっくりと帯状にスライスし、150〜160℃の油でカリカリになるまでじっくり揚げる。

3 白菜は縦半分に切り、削ぎ切りにする。玉ねぎはくし形切りにする。にんじんは短冊切り、しいたけは石づきを取って薄切りにする。長ねぎは白髪ねぎにする。

4 フライパンにサラダ油を熱し、豚肉を炒める。塩、こしょうで下味を付け、白髪ねぎ以外の3を加えてしんなりとするまで炒める。

5 混ぜ合わせたAを加え、煮立ったら混ぜ合わせたBを回し入れてとろみを付ける。

6 2を器に盛って5をかけ、白髪ねぎ、小ねぎをのせる。

なすと肉味噌ごぼうの
ピリ辛サラダ

シャキシャキとした根菜にピリ辛の肉味噌がベストマッチ。
温泉卵を絡めて混ぜながらどうぞ。

●**材料（4人分）**

| 1人分 167kcal | 調理時間 30分 |

なす…… 4本(320g)
ごぼう…… 50g
にんじん…… 10g
水菜…… 3株(60g)
長ねぎ(白い部分)…… 20g
かいわれ大根…… 20g
豚肉(挽き肉)…… 120g
温泉卵…… 1個
ごま油…… 大さじ1
しょうが(すりおろし)…… 少々

A
和風ドレッシング
…… 大さじ1½ ▶P.26
豆板醤…… 小さじ1
味噌…… 大さじ1弱

●**作り方**

1 なすはヘタを落として乱切り
にする。ごぼうは水洗いし、包
丁の背で皮を削いでせん切り
にする。にんじんはせん切り
にする。

2 水菜は4cm長さに切る。長ね
ぎは白髪ねぎにする。かいわ
れ大根は根を落とす。

3 ごま油を熱したフライパンに
しょうがを入れ、豚肉と1を全
体に火が通るまで炒め、混ぜ
合わせたAを加えてさっと炒
め合わせる。

4 器に水菜、白髪ねぎ、かいわ
れ大根を敷いて3を盛り、温
泉卵をのせる。

牛肉とトマトの
カラフルサラダ

赤身の多いもも肉だからあっさり食べられます。
フライパンひとつでできる手軽さもうれしい！

●材料（4人分）

| 1人分314kcal | 調理時間30分 |

牛肉（もも薄切り）…… 400g
トマト …… 1/2個（75g）
玉ねぎ …… 1/4個（50g）
アスパラガス …… 4本
パプリカ（黄）…… 1/2個（80g）
サラダ油 …… 適量
塩・こしょう …… 各少々
イタリアンドレッシング
　…… 90g ▶**P.21**
レモン汁 …… 少々
黒こしょう（粗挽き）…… 少々
バジル …… 適量

●作り方

1　牛肉はひと口大に切る。

2　トマトは1cmの角切り、玉ねぎは粗みじん切りにする。アスパラガスは斜め切り、パプリカは細切りにする。

3　フライパンにサラダ油を熱し、玉ねぎをさっと炒めてから牛肉を加え、色が変わったらアスパラガス、パプリカを炒めて塩、こしょうで下味を付ける。最後にトマトを入れて火を止める。

4　**3**とドレッシング、レモン汁、黒こしょうを混ぜ合わせて器に盛り、バジルをのせる。

牛肉と温野菜のサラダ

みじん切りにしたピクルスの酸味がアクセント。
定番野菜と牛肉で作る、食べ応えのあるひと皿です。

●材料（4人分）

1人分 176kcal	調理時間 40分

じゃがいも …… 大½個(100g)
ゆで卵(粗みじん切り) ……1個
にんじん ……1本(150g)
いんげん ……8本
玉ねぎ…… ¼個(50g)
牛肉(挽き肉) ……75g
サラダ油 …… 大さじ1
塩・こしょう …… 各少々

A
┌ フレンチドレッシング
│ ……70g ▶P.20
│ ピクルス(みじん切り)
│ ……50g
│ にんにく(すりおろし)
└ ……少々

●作り方

1 じゃがいもは芽を取り、皮付きのまま蒸し器で竹串がすっと刺さるまで蒸してひと口大に切る。

2 にんじんは2cmの角切りにしてゆで、水にさらす。いんげんは筋を除いて5cm長さの斜め切りにして塩ゆでし、水にさらす。玉ねぎはみじん切りにして水にさらす。

3 サラダ油を熱したフライパンで牛肉を炒め、塩、こしょうで下味を付け、冷ましておく。

4 ボウルに1～3とAを入れて混ぜ合わせ、塩、こしょうで味をととのえる。

まいたけと根菜の炒めサラダ

秋・冬の野菜を使ったボリュームのあるひと品。
かぶにしみた牛肉のうま味とドレッシングが絶妙です。

●材料（4人分）

1人分 145kcal ｜ 調理時間 20分

牛肉(切り落とし) …… 200g
まいたけ …… 1パック(100g)
かぶ …… 2個(160g)
れんこん …… 40g
青ねぎ …… 少々
サラダ油 …… 大さじ1
塩・こしょう …… 各少々
A ┌ 酒 …… 小さじ1
　│ しょうが(すりおろし)
　│　 …… 小さじ½
　└ 醤油 …… 小さじ1
和風玉ねぎドレッシング
　 …… 70g ▶P.26

●作り方

1　牛肉にAをもみ込む。まいた
　 けは石づきを取り、食べやす
　 い大きさに割く。

2　かぶは皮をむいてくし形切り
　 に、れんこんは5mm厚さの半
　 月切りにする。青ねぎは斜め
　 切りにする。

3　フライパンにサラダ油を熱し、
　 牛肉を炒めて取り出し、残っ
　 た油でかぶ、まいたけ、れんこ
　 んの順に入れて炒める。塩、
　 こしょうで味をととのえ、牛肉
　 を戻し入れてざっくりと混ぜ
　 てから器に盛る。

4　ドレッシングをかけ、青ねぎを
　 散らす。

ごぼうと牛肉のごまサラダ

根菜を大きめに切ることで、ポリポリした食感をプラス。
ごまドレッシングがごぼうと牛肉によく合います。

●材料 (4人分) | 1人分278kcal | 調理時間25分

牛肉 (薄切り) ……200g
ごぼう……150g
にんじん……2/3本(100g)
ピーマン……3個
ごま油……大さじ2
塩・こしょう……各少々
ごまドレッシング……60g ▶P.27

●作り方

1 牛肉は細切りにする。

2 ごぼうは水洗いして包丁の背で皮を削ぎ、長めの短冊切りにして酢水にさらす。にんじんは長めの短冊切りにし、ピーマンはヘタと種を除いて細切りにする。

3 フライパンにごま油を熱してごぼう、にんじんを炒める。火が通ったら牛肉を加え、塩、こしょうで下味を付け、ピーマンを加えてさらに炒め、ドレッシングを加えてさっと炒め合わせる。

牛カルビのプルコギ風炒めサラダ

コクのあるピリ辛ソースがたまらない！
肉も野菜も存在感しっかりの韓国風炒めサラダです。

●材料（4人分） 1人分 648kcal ｜ 調理時間 20分

にんじん …… ²/₃本（100g）
キャベツ …… 400g
長ねぎ …… 1本（150g）
にら …… 100g
牛肉（カルビ焼肉用）…… 400g
A ┌ ノンオイルドレッシング中華
　│ 　　 …… 60g ▶ P25
　└ コチュジャン …… 小さじ4
サラダ油 …… 大さじ3
塩・こしょう …… 各少々
ごま油 …… 大さじ1
いりごま（白）…… 少々
糸唐辛子 …… 少々

●作り方

1 にんじんとキャベツは短冊切りにする。長ねぎは根を落として斜め切りに、にらは4㎝長さに切る。

2 牛肉はひと口大に切り、混ぜ合わせたAに漬け込んでおく。

3 フライパンにサラダ油を熱し、2とにんじんを炒める。

4 肉にほぼ火が通ったらキャベツ、長ねぎ、にらを加えてさらに炒める。

5 塩、こしょうで味をととのえ、ごま油を回しかけ、器に盛る。いりごまを散らし、糸唐辛子をのせる。

ローストビーフの和風サラダ

パーティーの前菜にもぴったり！
豪華なのに切って混ぜるだけのお手軽サラダ。

●材料（4人分） 1人分 135kcal ｜ 調理時間 15分

玉ねぎ …… 1/2個（100g）
パプリカ（赤）…… 1/2個（80g）
パプリカ（黄）…… 1/2個（80g）
にんじん …… 1/3本（50g）
ローストビーフ …… 120g

黒こしょう（粗挽き）…… 少々
大根おろしドレッシング
　…… 120g ▶P.27

●作り方

1　玉ねぎ、パプリカは薄切りに、にんじんはせん切りにし、それぞれ水にさらす。

2　1とローストビーフ、黒こしょう、ドレッシングを混ぜ合わせる。

春菊と牛肉のサラダ

春菊の苦味と牛肉のうま味が好相性。
ついつい箸がすすむおいしさです。

●材料（4人分） 1人分 193kcal ｜ 調理時間 25分

牛肉（薄切り）…… 150g
春菊（葉先）…… 60g
長ねぎ（白い部分）…… 30g
ラディッシュ …… 1個

A {
　マヨネーズ
　　…… 大さじ4
　コチュジャン
　　…… 小さじ1½
　めんつゆ（2倍濃縮）
　　…… 小さじ1½
}
いりごま（白）…… 少々

●作り方

1　牛肉は軽くゆでてから、水に取って冷やし、ざるにあげておく。

2　春菊は食べやすい長さに切る。長ねぎは白髪ねぎにし、ラディッシュは輪切りにしてそれぞれ水にさらす。

3　ボウルにAを混ぜ合わせ、1、2を加えてあえる。

4　器に盛り、いりごまを振る。

たっぷり野菜と豚ロースのホイル焼き

切って包んでオーブントースターで焼くだけ！
レモンをしぼってさっぱり食べるホイル焼きです。

●材料 (2人分)

1人分 325kcal │ 調理時間 25分

豚肉 (肩ロースブロック) …… 160g
かぼちゃ …… 50g
なす …… 25g
じゃがいも …… 40g
長ねぎ …… 25g
アスパラガス …… 2本
しめじ …… 20g
レモン …… 1/4個
サラダ油 …… 適量
バター …… 20g
塩・こしょう …… 各少々
和風ドレッシング
　　 …… 50g ▶ P.26

●作り方

1 豚肉、かぼちゃ、なすはひと口大に切る。じゃがいもは皮をむいてひと口大に切る。長ねぎは斜め切りに、アスパラガスは3等分の斜め切りに、しめじは石づきを取ってほぐす。

2 アルミ箔を2枚重ねて広げ、表面にサラダ油を塗る。豚肉、かぼちゃ、じゃがいもを並べ、アスパラガス、なす、しめじ、長ねぎ、バターの順にのせて塩、こしょうを振り、包む。

3 オーブントースターで15分焼く。

4 器に盛り、ドレッシングとレモンを添える。

里いもと豚肉の黒こしょうマヨネーズあえ

とろとろの里いもにマヨネーズがよく絡む！
大きめに切った玉ねぎの食感も楽しい洋風メニュー。

●材料（4人分） 1人分257kcal ｜ 調理時間30分

里いも …… 6個（360g）
さやえんどう …… 10枚（30g）
玉ねぎ …… 1個（200g）
豚肉（ロース薄切り）…… 200g
サラダ油 …… 大さじ1
塩・こしょう …… 各少々

A ┌ マヨネーズ …… 大さじ4強
　└ 黒こしょう（粗挽き）…… 少々

イタリアンパセリ …… 適宜

●作り方

1 里いもは皮をむいてひと口大に切り、水からゆでて、火が通ったらざるにあげる。さやえんどうは筋を取り、さっとゆでる。

2 玉ねぎは皮をむき、1cm幅のくし形切りにする。豚肉はひと口大に切る。

3 フライパンにサラダ油を熱し、豚肉を炒める。色が付いたら玉ねぎ、1の順に加え、塩、こしょうで下味を付ける。

4 Aを混ぜ合わせて加え、さっと炒める。

5 器に盛り、お好みでイタリアンパセリをのせる。

キャベツと蒸し鶏の味噌マヨネーズあえ

マイルドな味噌マヨネーズに、からしが絶妙。
野菜の甘味が引き立ちます。

●**材料(4人分)** | 1人分301kcal | 調理時間30分 |

鶏肉(むね) …… 1枚(270g)

塩 …… 少々

A ┃ 長ねぎ(青い部分) …… 1本
┃ しょうが …… 1片
┃ 酒 …… 少々

キャベツ …… ¼個(250g)

菜の花 …… 1束(200g)

わかめ(乾燥) …… 3g

B ┃ 白味噌 …… 80g
┃ マヨネーズ …… 大さじ6強
┃ からし …… 大さじ1
┃ みりん …… 大さじ1

●**作り方**

1 蒸し鶏を作る。鶏肉は塩を振り、**A**を加えた熱湯に入れて中火で10〜15分ゆでる。鍋の中で冷ましたら皮を除いてほぐす。

2 キャベツはひと口大に切ってゆで、流水で冷やす。菜の花はさっとゆでて流水で冷やし、ひと口大に切る。わかめは水で戻す。

3 ボウルに**B**を混ぜ合わせ、**1**、**2**を加えてよくあえる。

豚肉とキャベツのおかずサラダ

マヨネーズとコンソメで、
まろやかに仕上げる炒めサラダです。

●材料（4人分） 1人分225kcal ｜ 調理時間15分

豚肉（薄切り）…… 200g
キャベツ…… ¼個（250g）
長ねぎ（白い部分）…… 100g
しいたけ…… 3個（45g）
ピーマン…… 3個

サラダ油…… 大さじ2
コンソメ（顆粒）…… 小さじ1
マヨネーズ…… 大さじ3⅓
塩・こしょう…… 各少々

●作り方

1 豚肉、キャベツはひと口大に切り、長ねぎは斜め切りに、しいたけは薄切りに、ピーマンは乱切りにする。

2 フライパンにサラダ油を熱し、豚肉、長ねぎ、しいたけ、ピーマン、キャベツの順に炒める。

3 2にコンソメを加えて炒め、マヨネーズ、塩、こしょうで味をととのえる。

柚子香る白菜と豚肉のサラダ

こんにゃくでボリュームアップしてヘルシーに。
柚子のさわやかな香りが食欲をそそります。

●材料（4人分） 1人分176kcal ｜ 調理時間30分

白菜…… ¼個（500g）
にんじん…… ⅓本（50g）
豚肉（薄切り）…… 200g
こんにゃく…… 1枚（300g）

大根おろしドレッシング
…… 150g ▶P.27
小ねぎ（みじん切り）…… 少々
柚子の皮…… 少々

●作り方

1 白菜はひと口大に、にんじんは短冊切りにし、それぞれゆでてから流水で冷やす。

2 豚肉はひと口大に切ってゆで、ざるにあげて冷ましておく。

3 こんにゃくは薄切りにしてゆで、ざるにあげて冷ましておく。

4 1～3を混ぜ合わせ、ドレッシングであえる。

5 器に盛り、小ねぎ、せん切りにした柚子の皮を散らす。

キャベツと鶏しゃぶのピリ辛ごまだれ

ごまのコクにくるみの食感がアクセント。
鶏むね肉で作るヘルシーな冷しゃぶ風サラダ。

●材料（4人分） 1人分 200 kcal ｜ 調理時間 20分

鶏肉(むね) …… 200g
キャベツ …… 400g
酒 …… 少々
A ┌ ごまドレッシング …… 60g ▶ P.27
　└ 豆板醤 …… 小さじ½
いりごま(白) …… 少々
くるみ …… 20g

●作り方

1　鶏肉はひと口大の削ぎ切りにする。キャベツは大きめのざく切りにして、沸騰した湯でさっとゆでて取り出す。

2　別の鍋に湯を沸かし、酒を入れ、鶏肉をさっとゆでて水に取って冷やし、ざるにあげておく。

3　器に水気をよくきったキャベツと2を交互に重ね、混ぜ合わせたAを全体にかける。

4　いりごま、ローストしてくだいたくるみを散らす。

チキンとエリンギの
和風あえサラダ

淡泊なきのこと鶏肉を濃厚ドレッシングで
コクのあるひと皿に。ごはんにも合う味付けです。

● 材料 (4人分)

| 1人分143kcal | 調理時間30分 |

鶏肉(むね) …… ½枚(135g)
塩 …… 少々

A 長ねぎ(青い部分) …… 1本
しょうが …… 1片
酒 …… 少々

エリンギ …… 1パック(100g)
まいたけ …… 80g
きゅうり …… 1本(100g)
にんじん …… ⅓本(50g)
ぎんなん(水煮) …… 12個
いりごま(白) …… 小さじ2
和風あわせ味ドレッシング
…… 50g ▶ P.27

● 作り方

1 蒸し鶏を作る。鶏肉は塩を振り、**A**を加えた熱湯に入れて中火で10〜15分ゆでる。鍋の中で冷ましたら皮を除いてほぐす。

2 エリンギは短冊切りにし、まいたけは石づきを取ってそれぞれ軽くゆでる。

3 きゅうりは輪切り、にんじんはせん切りにする。

4 ぎんなんは液ぎりする。

5 *1*〜*4*を混ぜ合わせ、いりごま、ドレッシングを加えてあえる。

豚肉とにらの
ごまドレッシング炒め

ササッと作れるお手軽メインディッシュ。
ごまの香りが豊かな中華風炒めサラダです。

●材料 (4人分) 　1人分216kcal ｜ 調理時間20分

豚肉(薄切り) …… 150g
にら …… 70g
なす …… 1本(80g)
パプリカ(赤) …… ½個(80g)
サラダ油 …… 大さじ2
酒 …… 大さじ1

ごまドレッシング
　…… 60g ▶P.27
塩・こしょう …… 各少々
クラッシュピーナッツ
　…… 少々

●作り方

1 豚肉はひと口大に切る。にらは4cm長さに切り、なすは
斜め半月切り、パプリカは細切りにする。

2 フライパンにサラダ油を熱し、豚肉を炒める。

3 豚肉の色が変わったらなすを入れて炒め、しんなりし
たら酒、パプリカ、にらを加えてさらに炒める。

4 全体に火が通ったらドレッシングを加え、塩、こしょう
で味をととのえる。

5 器に盛り、クラッシュピーナッツを散らす。

鶏肉と春野菜のサラダ

淡白な鶏むね肉と春野菜が
コクのあるごまドレッシングとよく合います。

●材料 (4人分) 　1人分133kcal ｜ 調理時間30分

鶏肉(むね) …… 80g
塩 …… 少々

A
　長ねぎ(青い部分)
　　…… 1本
　しょうが …… 1片
　酒 …… 少々

アスパラガス …… 6本

にんじん …… 20g
スナップえんどう …… 6本
たけのこ(水煮) …… 120g
ごまドレッシング
　…… 70g ▶P.27
こしょう …… 少々
いりごま(白) …… 少々

●作り方

1 蒸し鶏を作る。鶏肉は塩を振り、Aを加えた熱湯に入
れて中火で10〜15分ゆでる。鍋の中で冷ましたら皮
を除いてほぐす。

2 アスパラガスは4cm長さに切り、にんじんは短冊切り
にし、スナップえんどうは筋を取って、それぞれ塩ゆで
したあと流水で冷やす。たけのこは5mm幅の薄切りに
して軽くゆで、流水で冷やす。

3 1、2を合わせてドレッシングであえ、塩、こしょうで味
をととのえて器に盛り、いりごまを振る。

ハーブグリルサーモンと
カマンベールチーズのサラダ

チーズの風味がとっても豊か！
サーモンやエビのグリルをたっぷり使った贅沢なひと品。

●材料 (4人分) | 1人分314kcal | 調理時間25分

殻付きエビ…… 8尾
サーモン (刺身用) …… 240g
サニーレタス…… 2枚
トレビス…… 2枚(40g)
カマンベールチーズ…… 1個
グレープフルーツ…… 1/2個
ベビーリーフ…… 20g
セルフィーユ…… 少々
ハーブミックスソルト…… 少々
オリーブオイル…… 適量
粉チーズ…… 少々
シーザーサラダドレッシング…… 80g ▶ P.21

●作り方

1 エビは殻をむき、背わたを取る。エビとサーモンに
ハーブミックスソルトで下味を付ける。

2 フライパンにオリーブオイルを熱し、エビを焼く。
サーモンは表面にさっと焼きめを付けて、冷蔵庫で
冷やす。

3 サニーレタス、トレビス、カマンベールチーズは食べ
やすい大きさに切る。グレープフルーツは房から実
を取り出す。

4 器に3とベビーリーフを盛り、エビとひと口大に切っ
たサーモンをのせ、セルフィーユを添える。

5 粉チーズ、ドレッシングをかける。

Point

ハーブはお好みで種類を変えてもOK！

サーモンやエビなどの魚介には、セルフィーユの他にディルなども相性がよく、おい
しく仕上がります。お好みのハーブでアレンジを楽しんで。

しそ香るタコの
カルパッチョ風サラダ

さわやかな大葉の香りがタコをおいしく引き立てます。
ミモザみたいな黄パプリカを盛りつけて華やかに。

●**材料 (4人分)** | 1人分178kcal | 調理時間15分 |

ゆでタコ……180g
パプリカ(黄)……15g
セロリ……10g
ミニトマト……4個
しそのジェノベーゼ風……40g ▶ P.23
オリーブオイル……少々
レモン(輪切り)……適宜

●**作り方**

1 タコは薄切りにして器に並べる。

2 パプリカ、セロリはみじん切りに、ミニトマトは¼に切る。

3 *1*に*2*をのせ、しそのジェノベーゼ風とオリーブオイルをかけ、お好みでレモンを添える。

Point

しそのジェノベーゼ風はできたてを使って香りを満喫

さわやかな大葉の香りを存分に楽しむために、しそのジェノベーゼ風は作り置きせず、ぜひ直前に作ったものをかけて。淡泊なタコが、華やかな風味をまとって存在感を増します。余った場合は、できるだけ早めに使い切りましょう。

サバとたっぷり野菜のおかずサラダ

こんがりと揚げ焼きにしたサバがジューシー！
梅肉とぽん酢醤油のドレッシングで、さっぱりと仕上げました。

●**材料（4人分）** 1人分 289kcal | 調理時間 25分

キャベツ……450g
パプリカ(赤)……1個(160g)
もやし……1袋(250g)
サバ(切り身)……300g
片栗粉……適量
サラダ油……適量
塩・こしょう……各少々

A [しょうが(すりおろし)……小さじ1
  醤油……大さじ1½
  酒……大さじ2

B [ぽん酢醤油……大さじ4
  梅肉……5g

●**作り方**

1 キャベツは食べやすい大きさに切る。パプリカは細切りにする。もやしは洗い、水気をきる。

2 サバはひと口大に切り、混ぜ合わせた**A**に30分漬ける。

3 **2**の水気をキッチンペーパーでふき取って片栗粉をまぶし、サラダ油を熱したフライパンで5～7分揚げ焼きにする。

4 別のフライパンにサラダ油を熱して**1**を炒め、塩、こしょうで下味を付ける。

5 器に**3**を盛って**4**をのせ、混ぜ合わせた**B**をかける。

カツオと水菜と薬味のサラダ

玉ねぎたっぷりの和風ドレッシングがぴったり。
薬味のすがすがしい香りが利いた逸品です。

●材料（4人分） 1人分122kcal｜調理時間15分

カツオのたたき……250g
玉ねぎ……½個（100g）
水菜……2株（40g）
みょうが……2個（30g）
フライドガーリック……少々
マーシュ……少々
和風玉ねぎドレッシング……70g ▶P.26

●作り方

1 カツオのたたきはひと口大に切る。

2 玉ねぎは薄切りにし、水菜は食べやすい長さに切り、それぞれ水にさらす。

3 みょうがはせん切りにし、さっと洗う。

4 2、3を合わせて器に盛り、その上に1を並べる。

5 フライドガーリックとマーシュを散らし、ドレッシングをかける。

焼き鮭ときのこのサラダ

鮭のうま味に、きのこの風味がたまらない！
秋の恵みをふんだんに使ったサラダです。

●材料（4人分） 1人分138kcal ｜ 調理時間30分

生鮭 …… 2切れ
しめじ …… 1パック（100g）
しいたけ …… 1パック（100g）
エリンギ …… 1パック（100g）
玉ねぎ …… 1個（200g）

きゅうり …… ½本（50g）
塩 …… 少々
ピリ辛ねぎドレッシング
…… 60g ▶ P.28

●作り方

1 生鮭は軽く塩を振って焼いたあと、ひと口大に切る。

2 しめじは石づきを取ってほぐし、しいたけは石づきを取って薄切り、エリンギは短冊切りにし、それぞれ軽くゆでる。

3 玉ねぎは薄切りにして水にさらす。きゅうりは斜め半月切りにする。

4 1〜3を混ぜ合わせ、ドレッシングであえる。

タコときのこのさっぱりぽん酢あえ

油を使わないヘルシーマリネ。
お酒のおともにもぴったりです。

●材料（4人分） 1人分54kcal ｜ 調理時間20分

しめじ …… 1パック（100g）
えのきたけ
…… ½パック（50g）
エリンギ …… 2本（60g）

アスパラガス …… 4本
ゆでタコ …… 160g
ぽん酢醤油 …… 大さじ5⅓

●作り方

1 しめじは石づきを取って小房に分ける。えのきたけは石づきを取って4cm長さに、エリンギは短冊切りにし、それぞれオーブントースターで5分加熱する。

2 アスパラガスは3cm長さに切って塩ゆでする。

3 タコは小さめの乱切りにする。

4 1〜3を混ぜ合わせ、ぽん酢醤油でさっとあえる。

タラと長いものホワイトサラダ
～チーズソースがけ～

れんこん、かぶ、長いもなど根菜がたっぷり！
クリーミーなチーズソースとタラの塩味がよく合います。

●材料（4人分）

1人分287kcal｜調理時間30分

タラ …… 4切れ（320g）
れんこん …… 小1節（150g）
長いも …… 200g
かぶ …… 2個（160g）
パプリカ（赤）…… ¼個（40g）
塩・こしょう …… 各少々
小麦粉 …… 適量
オリーブオイル …… 適量
バター …… 10g
A　シュレッドチーズ …… 60g
　　牛乳 …… 80cc
パセリ（みじん切り）…… 適宜

●作り方

1 タラは1切れを3等分し、両面に塩、こしょうを振り、小麦粉をまぶす。

2 れんこん、長いもは皮をむき、7mm幅の半月切りにする。かぶは皮をむいてくし形切りにする。パプリカは大きめの乱切りにする。

3 フライパンにオリーブオイルを熱し、2を炒める。軽く塩を振って取り出す。

4 同じフライパンにオリーブオイルを熱し、1を焼く。両面に焼きめが付いたら、バターを加えて溶かしながら絡める。

5 鍋にAを入れ、よくかき混ぜながら弱火で加熱してチーズソースを作る。

6 3と4を器に盛り、5を熱いうちにかけてお好みでパセリを散らす。

マグロのたたきの香ばしサラダ

ごま油のジュッ！ という音までごちそう。
マグロの香ばしさと野菜の食感を楽しんで。

●**材料（4人分）** 1人分 137kcal | 調理時間 25分

マグロ（刺身用）……180g
レタス……120g
きゅうり……½本（50g）
にんじん……30g
しめじ……70g
長ねぎ（白い部分）……少々
かいわれ大根……少々
塩・こしょう……各少々
サラダ油……適量
ごま油……大さじ1⅓
醤油……小さじ2
いりごま（白）……少々

●**作り方**

1 マグロは塩、こしょうをして、サラダ油を熱したフライパンで表面をさっと焼き、7㎜幅に切る。

2 レタスはひと口大に切り、きゅうりは細切りに、にんじんはせん切りにする。しめじは石づきを取って小房に分け、別のフライパンにサラダ油を熱して炒める。長ねぎは白髪ねぎにする。かいわれ大根は根を切る。

3 器にレタス、きゅうり、にんじん、マグロ、しめじ、白髪ねぎ、かいわれ大根の順に盛る。

4 3に熱したごま油をかけてから醤油をかけ、いりごまを散らす。

小アジとトマトの青じそマリネ

ノンオイルドレッシングで南蛮漬け風を手軽に。
揚げた小アジに、青じその風味がよく合います。

●**材料（4人分）** 1人分126kcal ｜ 調理時間25分

小アジ …… 20匹
玉ねぎ …… 1/4個(50g)
パプリカ(赤) …… 10g
パプリカ(黄) …… 10g
トマト …… 1/3個(50g)
塩・こしょう …… 各少々
小麦粉 …… 適量
ノンオイルドレッシング
　青じそ …… 60g ▶P.25
イタリアンパセリ …… 適宜

●**作り方**

1 小アジはわたとぜいごを取り、塩、こしょうをして小麦粉をまぶし、150〜160℃の油でじっくりと揚げ、熱いうちにノンオイルドレッシングに入れて10分程漬け込む。

2 玉ねぎ、パプリカは薄切りにして水にさらし、小アジを取り出した1の漬け込み液にひたす。

3 トマトは半月切りにして、器に盛る。

4 3に小アジを盛って2をのせ、お好みでイタリアンパセリを添える。

花野菜とエビフリッターの
マヨネーズ炒め

花野菜にエビマヨネーズのおいしさがよく絡む！
もう、箸が止まりません。

●**材料（4人分）** | 1人分 217 kcal | 調理時間 25分 |

殻付きエビ……12尾
ブロッコリー……½株（150g）
カリフラワー……½株（250g）
塩・こしょう……各少々
酒……少々
卵白……1個分
片栗粉……適量
マヨネーズ……大さじ5

●**作り方**

1　エビは殻をむいて背わたを取り、塩、こしょう、酒で下味を付ける。

2　ブロッコリーとカリフラワーは小房に分け、さっと塩ゆでする。

3　卵白、片栗粉を合わせて衣を作り、1に衣を付けて170℃の油で揚げる。

4　フライパンを熱し、マヨネーズで2と3を炒め、塩、こしょうで味をととのえる。

タイのカルパッチョ風サラダ
〜パクチードレッシング添え〜

白身魚のカルパッチョをエスニックテイストのサラダに。
パクチーの鮮烈な香りと寿司酢のほんのりとした甘さがやみつきになります。

●材料（4人分） 1人分86kcal │ 調理時間15分

タイ（刺身用）……200g
サニーレタス……2枚
パクチー……10g
紫玉ねぎ……15g
ミニトマト……2個
パクチードレッシング……60g ▶ P.28

●作り方

1 タイは薄切りにして器に並べる。

2 サニーレタス、パクチーは食べやすい大きさに切り、紫玉ねぎは薄切りにして水にさらし、混ぜ合わせておく。

3 1に2を盛り、半分に切ったミニトマトをのせてドレッシングをかける。

アジのカルパッチョ風サラダ
～梅風味～

アジのさわやかカルパッチョ仕立て。
梅の風味が食欲をそそります。

●材料（4人分） | 1人分 56kcal | 調理時間 20分

アジ（刺身用）	大葉……2枚
……大1尾(150g)	塩……少々
きゅうり……1/4本(25g)	酢……大さじ1
にんじん……10g	ノンオイルドレッシング梅
セロリ……15g	……60g ▶P.25
玉ねぎ……20g	

●作り方

1 アジは三枚におろして塩を多めに振り、冷蔵庫に1時間おく。

2 1の皮をはいで軽く水洗いし、軽く酢で洗ってから食べやすい大きさに切る。

3 きゅうり、にんじん、セロリ、玉ねぎはみじん切りにする。大葉はせん切りにする。

4 2を器に並べて3をのせ、ノンオイルドレッシングをかける。

スモークサーモンの
フレンチマリネ

フレンチドレッシングの簡単マリネ。
シャキシャキとした玉ねぎをたっぷりめしあがれ。

●材料（4人分） | 1人分 92kcal | 調理時間 15分

玉ねぎ……3/4個(150g)	スモークサーモン……90g
紫玉ねぎ……40g	フレンチドレッシング
キャベツ……20g	……60g ▶P.20
レタス……2枚	セルフィーユ……適宜

●作り方

1 玉ねぎ、紫玉ねぎは薄切りにして水にさらす。キャベツとレタスはせん切りにする。

2 玉ねぎ、紫玉ねぎをドレッシングであえる。

3 キャベツとレタスをふんわり混ぜて器に盛り、その上にスモークサーモンを並べ、2をのせる。お好みでセルフィーユを添える。

マスタード香るシーフードとトマトのサラダ

フレンチドレッシングは柑橘系フルーツとも相性抜群！
さわやかな酸味がホタテやエビの甘味を引き立てます。

●材料 (4人分) 1人分 134kcal 調理時間 30分

トマト …… 2個(300g)
紫玉ねぎ …… 20g
ホタテ貝柱(刺身用) …… 4個(100g)
むきエビ …… 8尾(80g)
グレープフルーツ …… 1個
ベビーリーフ …… 10g
A ┌ フレンチドレッシング …… 80g ▶P.20
  └ 粒マスタード …… 小さじ2

●作り方

1 トマトはくし形切りにする。紫玉ねぎは薄切りにして水にさらす。ホタテは斜め半分に切る。エビは塩ゆでする。グレープフルーツは房から実を取り出しておく。

2 器にトマト、グレープフルーツを交互に並べ、エビ、ホタテ、紫玉ねぎ、ベビーリーフの順でのせる。

3 混ぜ合わせたAをかける。

自家製トマトソースの
トスカーナ風サラダ

自家製トマトソースがたっぷりしみ込んだフランスパンがおいしい！
イタリアの素朴な家庭料理をアレンジしたひと品です。

●**材料（4人分）** 1人分137kcal 調理時間40分

ゆでタコ …… 40g	オリーブオイル …… 大さじ1
セロリ …… 40g	
きゅうり …… ½本(50g)	トマト(ホール缶) …… 120g
フランスパン …… 30g	
オリーブ …… 6個	A 水 …… 大さじ3
玉ねぎ …… 20g	塩 …… 少々
にんにく …… ½片	砂糖 …… 少々
フレンチドレッシング …… 100g ▶ P.20	レモン …… 適宜

●**作り方**

1 タコ、セロリ、きゅうりはひと口大の乱切りに、フランスパンは2cmの角切りにする。

2 フランスパン以外の*1*と輪切りにしたオリーブを、ドレッシングに1時間程漬け込む。

3 玉ねぎは粗みじん切りに、にんにくはみじん切りにする。

4 鍋にオリーブオイルを熱して*3*を炒め、**A**を加えてトマトを崩しながら5分程煮込み、火を止めて冷ます。

5 *4*にフランスパンを加え、よくなじませたら、*2*に加えて軽く混ぜ合わせる。

6 器に盛り、お好みでレモンを添える。

シーフードとミニトマトのオーブン焼き
〜バジルソース〜

魚介のうま味を吸ったブロッコリーが絶品！
焼くことで野菜の甘味を引き出します。

●材料 (4人分) 1人分191kcal 調理時間20分

ゆでタコ …… 280g
ブロッコリー …… 1/2株(150g)
ミニトマト …… 12個
むきエビ …… 20尾(200g)
A ┌ フレンチドレッシング …… 20g ▶P.20
 └ バジルソース(市販) …… 10g
オリーブオイル …… 大さじ1
塩・こしょう …… 各少々
白ワイン …… 少々
パン粉 …… 少々

●作り方

1 タコは乱切りにする。ブロッコリーは小房に分けて塩ゆでする。ミニトマトはヘタを取る。

2 フライパンにオリーブオイルを熱し、エビと1のブロッコリーを炒め、塩、こしょう、白ワインで味をととのえる。

3 2を耐熱の器に入れ、タコとミニトマトを並べ、混ぜ合わせたAをかけてパン粉を振り、200℃に予熱しておいたオーブンで10分程焼く。

COLUMN
3

晩酌のおともにぴったり
おつまみサラダ

焼き鮭とかぶの オニオンマリネ

あっさり味のかぶに、鮭の塩味が好相性！
玉ねぎドレッシング仕上げのさわやかマリネ。

●材料（4人分） 1人分73kcal ｜ 調理時間15分

塩鮭（甘口）	パセリ……少々
……1切れ (50g)	すりおろし玉ねぎ
かぶ……4個 (320g)	ドレッシング
レモン……20g	……45g ▶P.27

●作り方

1 塩鮭は焼いたあと、皮と骨を取ってほぐす。

2 かぶは皮をむき、くし形切りにして、軽く塩もみする。

3 レモンはいちょう切りに、パセリはみじん切りにする。

4 1〜3をドレッシングであえて、20分程漬け込む。

トマトと薬味の さわやかサラダ

冷やしトマトが豪華なサラダに変身！
香味野菜をたっぷりのせて、華やかに。

●材料（4人分） 1人分46kcal ｜ 調理時間10分

トマト……2個 (300g)	和風玉ねぎドレッシング
玉ねぎ……1/2個 (100g)	……60g ▶P.26
みょうが……2個 (30g)	
大葉……2枚	

●作り方

1 トマトは1/8のくし形切りにし、ヘタの反対側から1/3程皮をむいて花びらを作り、器に丸く並べる。

2 玉ねぎ、みょうがは薄切りにする。玉ねぎは水にさらし、みょうがはさっと水にさらしてから、それぞれみじん切りにする。大葉はせん切りにする。

3 トマトの上に、玉ねぎ、みょうが、大葉の順に盛り、ドレッシングをかける。

ササッと手軽に作れてお酒によく合う
おつまみ系のサラダが大集合！
ひと品作れば、おうち飲みが充実すること間違いなし。

きゅうりとタコの ピリ辛中華風

うま辛おつまみが簡単にできあがり！
ピリ辛ドレッシングが具材によく合います。

●材料（4人分） 1人分71kcal 調理時間10分

きゅうり …… 2本(200g)
ゆでタコ …… 120g
大根 …… 100g
かいわれ大根 …… 30g

ノンオイルドレッシング
　中華 …… 100g ▶P.25
唐辛子(輪切り) …… 少々

●作り方

1 きゅうりとタコは大きさをそろえて乱切りにする。
大根はせん切りにする。

2 きゅうり、タコ、ノンオイルドレッシング、唐辛子
を混ぜ合わせる。

3 大根を器に敷いて2を盛り、根を落としたかいわ
れ大根を散らす。

かぶとオレンジの 柑橘サラダ

かぶのシンプルな味わいに、
オレンジの甘酸っぱさがベストマッチ。

●材料（4人分） 1人分56kcal 調理時間15分

かぶ …… 4個(320g)
かぶの茎 …… 50g
ラディッシュ …… 3個

オレンジ …… 1/2個
柑橘ドレッシング
　…… 60g ▶P.20

●作り方

1 かぶは皮をむいて半月切りにし、水にさらす。

2 かぶの茎はさっとゆでてから水に取って冷やし、
2cm長さに切って水気を絞る。ラディッシュは輪
切りにして、水にさらす。

3 1、2をドレッシングであえ、外皮をむいて半月切
りにしたオレンジとかぶを器に盛り、かぶの茎と
ラディッシュをのせる。

アボカドとクレソンのサラダ
～わさび風味～

個性の強いアボカド＆クレソンと、
辛味の利いたわさび醤油が相性抜群！

●材料（4人分） | 1人分 92kcal | 調理時間 15分 |

アボカド……1個
クレソン……40g
サニーレタス……2枚
紫玉ねぎ……20g
クラッシュアーモンド
　……少々
レモン汁……適量

ピンクペッパー……少々

A [フレンチ
　ドレッシング
　……10g ▶ **P.20**
醤油……大さじ½
わさび……少々]

●作り方

1 アボカドは2cmの角切りにして、レモン汁を振っておく。クレソンは4cm長さに、サニーレタスは食べやすい大きさに切る。紫玉ねぎは薄切りにして水にさらす。

2 器に盛り、クラッシュアーモンド、ピンクペッパーを散らし、混ぜ合わせた **A** をかける。

タコと夏野菜の
キムチあえサラダ

パンチの利いた苦味と辛味。
夏の暑さを吹きとばすサラダです。

●材料（4人分） | 1人分 160kcal | 調理時間 15分 |

ゆでタコ……160g
なす……2本(160g)
ゴーヤー……70g
玉ねぎ……80g
スイートコーン（ホール缶）
　……30g

キムチ……60g
クリーミーチリ
　ドレッシング
　……45g ▶ **P.24**

●作り方

1 タコは乱切りにする。

2 なすは1.5cmの角切りにし、素揚げする。

3 ゴーヤーは薄切りにし、さっと塩ゆでする。玉ねぎは薄切りにし、水にさらす。

4 *1*～*3*と液ぎりしたスイートコーン、食べやすい大きさに切ったキムチ、ドレッシングを混ぜ合わせる。

うま味挽き肉の
レタス包み

しょうが風味の鶏そぼろがおいしさの決め手！
中華の逸品をドレッシングでお手軽に。

●材料 (4人分) ｜1人分150kcal｜調理時間15分

パプリカ(赤)	鶏肉(挽き肉)……200g
……½個(80g)	レタス……4枚
パプリカ(黄)	サラダ油……適量
……½個(80g)	塩・こしょう……各少々
しょうが……20g	和風玉ねぎドレッシング
長ねぎ……30g	……50g ▶P.26

●作り方

1 パプリカは1.5cmの角切りに、しょうが、長ねぎ
はみじん切りにする。

2 フライパンにサラダ油を熱してしょうがと長ねぎ
を炒める。鶏肉を加えてさらに炒め、塩、こしょ
うで下味を付ける。

3 パプリカを加えさらに炒め合わせる。ドレッシン
グをかけて手早く炒め、火を止める。

4 器にレタスを敷き、3を盛る。

鶏肉とセロリの
オレンジ風味サラダ

セロリのほろ苦さにオレンジの甘味がマッチ。
相性のよい鶏肉も加えて食べ応えも◎。

●材料 (4人分) ｜1人分180kcal｜調理時間15分

サラダチキン……130g		マヨネーズ……大さじ6
セロリ……80g		オレンジジュース
オレンジ……1個		……大さじ⅔
塩・こしょう……各少々	A	レモン汁……小さじ⅓
セロリの葉……適宜		オレンジの皮(すりおろし)
		……少々

●作り方

1 サラダチキンはほぐしておく。

2 セロリは筋を取って短冊切りにし、水にさらす。

3 オレンジは房から実を取り出してひと口大に切
る。

4 ボウルにAを入れて軽く混ぜ、塩、こしょうで味
をととのえる。

5 1〜4を混ぜ、器に盛り、お好みでセロリの葉をの
せる。

丸ごと玉ねぎの
チーズ焼き

丸ごと加熱するから甘味が逃げない。
みんなで切り分けてめしあがれ。

●材料（4人分） 1人分 96kcal | 調理時間 15分

玉ねぎ……2個（400g）
シュレッドチーズ
　……少々
小ねぎ（小口切り）
　……少々
かつお節……少々

A {
ぽん酢醤油
　……大さじ2
マヨネーズ
　……大さじ2
}

●作り方

1　玉ねぎの上部に切り込みを入れ、ラップで包み、
　電子レンジで様子を見ながらやわらかくなるま
　で、4分を目安に加熱する。

2　1を耐熱の器に入れてシュレッドチーズをのせ、
　オーブントースターで4分程焼く。

3　混ぜ合わせた**A**をかけ、小ねぎ、かつお節をのせ
　る。

うま辛もやしの
自家製チリソースあえ

甘辛チリソースで、もやしをエスニック風に。
豆板醤のピリ辛とレモンの酸味が食欲をそそります。

●材料（4人分） 1人分 63kcal | 調理時間 15分

もやし……200g
ロースハム……4枚
セロリ……1/4本（50g）
きゅうり……1本（100g）
長ねぎ（白い部分）
　……少々
チリペッパー……少々
セロリの葉……適宜

A {
ケチャップ
　……大さじ1⅓
砂糖……大さじ1⅓
にんにく（すりおろし）
　……小さじ1
レモン汁
　……大さじ1⅓
豆板醤
　……小さじ2
}

●作り方

1　もやしはさっとゆでて冷水にさらす。ハム、セロ
　リ、きゅうりは細切りにする。

2　長ねぎは白髪ねぎにする。

3　**A**をよく混ぜ合わせて、1をあえる。

4　3を器に盛って2をのせ、チリペッパーを振り、
　お好みでセロリの葉を添える。

米・麺の
サラダ

米や麺といった主食の食材も
野菜とドレッシングをじょうずに合わせれば
おいしいサラダになります。
主食でありながらたっぷりの野菜が食べられる、
ひと皿で食事が完結するメニューです。

174

とろ～り半熟卵の野菜たっぷり
まぜまぜライスサラダ

シラスとシャキシャキの野菜をわさびの利いたたれで。
半熟卵のコクが絡んで豊かな味わいに。

●材料 (2人分) | 1人分377kcal | 調理時間20分

白飯 …… 360g（茶碗2杯）
大根 …… 40g
にんじん …… 20g
水菜 …… 2株（40g）
オクラ …… 4本
シラス …… 10g
かいわれ大根 …… 10g
半熟卵 …… 2個

A
かつお節 …… 少々
ぽん酢醤油 …… 大さじ2
白だし …… 大さじ2
水 …… 大さじ4
わさび …… 5g

●作り方

1　白飯はバットに広げて粗熱を取っておく。

2　大根は細切りに、にんじんはせん切りに、水菜は4cm長さに切る。オクラはさっとゆでて小口切りにする。

3　Aを混ぜてたれを作り、そのうちの50gを1と混ぜ合わせる。

4　3を器に盛り、2、シラス、かいわれ大根、半熟卵をのせる。

5　お好みで残りのたれをかけて、混ぜながら食べる。

Point

半熟卵は、かき混ぜながらゆでる

水の状態から卵を鍋に入れ、Lサイズの卵の場合で7～8分かき混ぜながらゆでます。かき混ぜながらゆでることで、黄身が真ん中にくるようになります。また、水に塩を入れると、殻から白身が流れ出るのを防ぐことができます。

彩りピーマンの
ライスサラダ

寿司酢のかわりにフレンチドレッシングを使って
おしゃれな洋風ちらし寿司に!

●材料 (2人分) | 1人分299kcal | 調理時間15分

ピーマン …… ½個
パプリカ(赤) …… 30g
パプリカ(黄) …… 30g
ロースハム …… 3枚
白飯(冷ます) …… 200g
スイートコーン(ホール缶) …… 30g
レタス …… 2枚
フレンチドレッシング …… 50g ▶P.20
イタリアンパセリ …… 適宜

●作り方

1 ピーマン、パプリカは1cmの角切りにしてさっとゆで、流水で冷ます。

2 ハムは1cmの色紙切りにする。

3 白飯に1と2、液ぎりしたスイートコーン、ドレッシングを加えてざっくりと混ぜる。

4 器にレタスをボウル状にととのえてのせる。3をレタスの中に盛り、お好みでイタリアンパセリを添える。

Point
ドレッシングをあえたらすぐに食卓へ

ドレッシングとあえるので、白飯は炊きたてよりも水分が抜けた冷やごはんの方がおすすめです。時間が経つとごはんが水分だけを吸って油っぽくなるので、食べる直前にあえるようにしましょう。

梅風味の
鮭親子サラダ寿司

淡いピンク色のごはん、錦糸卵、イクラが華やか!
梅の風味がほのかに利いた、さわやかなサラダ風ちらし寿司です。

●材料 (4人分)　1人分 510kcal ｜ 調理時間 30分

白飯……720g (茶碗4杯)
大葉……3枚
卵……2個
塩鮭 (甘口)……4切れ (200g)
大根……100g
きゅうり……1/2本 (50g)
みょうが……2個 (30g)
イクラ……20g

A ┌ ノンオイルドレッシング梅
　　……90g ▶P.25
　│ 砂糖……大さじ2½
　└ 塩……小さじ1

砂糖……少々
塩……少々
サラダ油……適量
酒……少々

●作り方

1 大きめのボウルに温かい白飯を入れ、混ぜ合わせた
Aを加えてあえ、冷ましておく。

2 大葉はせん切りにする。卵は溶きほぐして砂糖、塩を
加えて混ぜ、サラダ油を熱したフライパンで焼いて細
切りにして、錦糸卵を作る。

3 塩鮭は酒に10〜15分漬けてから焼き、皮と骨を取っ
て粗くほぐす。

4 大根、きゅうり、みょうがはせん切りにし、塩を軽く
振って水気をきる。

5 1に3をざっくりと混ぜ合わせて器に盛り、4と錦糸
卵、大葉、イクラをのせる。

Point

鮭にひと手間かけてふっくらとした焼きあがりに

鮭は焼く前に、酒に10〜15分漬けておくと、ふっくらと焼きあがります。ほぐすと
きは、少し大きめにほぐすと混ぜ合わせたときに崩れてほどよい大きさになります。

しょうが焼きと
たっぷり野菜のまぜまぜ五穀丼

温泉卵がとろ〜り絡む、見た目も豪華なスタミナ丼。
シャキシャキの野菜と甘辛いしょうが焼きにごはんがすすみます。

● 材料（2人分）

1人分734kcal	調理時間20分

玉ねぎ …… 1/4個（50g）
紫玉ねぎ …… 1/3個（50g）
キャベツ …… 90g
豚肉（バラ薄切り）…… 100g
五穀米ごはん
　　…… 360g（茶碗2杯）
グリーンリーフ …… 1枚
温泉卵 …… 2個
サラダ油 …… 大さじ1
みりん …… 小さじ4
砂糖 …… 小さじ2

A
酒 …… 小さじ1強
醤油 …… 小さじ4
しょうが（すりおろし）
　　…… 小さじ1

● 作り方

1 玉ねぎと紫玉ねぎは薄切りにし、紫玉ねぎは水にさらす。キャベツはせん切りにする。

2 豚肉は食べやすく切り、混ぜ合わせた **A** に加えて軽くもみ込み、15分程なじませる。

3 フライパンにサラダ油を熱し、**2** の豚肉を漬け汁から取り出して炒める。火が通ってきたら玉ねぎを加え、みりんと砂糖を加えてさらに炒める。

4 器に五穀米ごはんを盛る。グリーンリーフ、キャベツ、**3**、紫玉ねぎの順に重ね、温泉卵をのせる。

3種の海苔の
ボリュームサラダ丼

濃いめの味付けの照り焼きにみずみずしい野菜をたっぷりと。
海苔の香りが食欲をそそる変わり丼です。

●材料 (2人分)

| 1人分 751kcal | 調理時間 25分 |

鶏肉(もも)……200g
水菜……2株(40g)
にんじん……10g
玉ねぎ……¼個(50g)
白飯……360g(茶碗2杯)
きざみ海苔……少々
青海苔……少々
サラダ油……大さじ1

A ┌ 醤油……大さじ1強
　　│ 酒……大さじ1強
　　└ しょうが(すりおろし)……少々

B ┌ マヨネーズ……40g
　　│ わさび……5g
　　└ 海苔の佃煮……25g

●作り方

1　鶏肉はひと口大に切り、混ぜ合わせた **A** に15分漬け込む。

2　鶏肉を漬け汁から取り出し(漬け汁は取っておく)、サラダ油を熱したフライパンで皮目から焼く。焼きめが付いたら裏返して漬け汁を加え、フタをして弱火で5分程蒸し焼きにする。

3　水菜は3cm長さに切る。にんじんは細切りにする。玉ねぎは薄切りにし、水にさらす。

4　器に白飯を盛り、**3** ときざみ海苔をのせる。

5　**4** に **2** をのせ、混ぜ合わせた **B** をかけ、青海苔を振る。

ふんわり豆腐タコライス

シャキシャキとしたレタスの食感が◎。
ピリ辛の具とごはん、野菜を混ぜながら楽しみます。

●**材料（2人分）** 1人分760kcal 調理時間25分

玉ねぎ……1/2個（100g）
トマト……1/2個（75g）
レタス……2枚
木綿豆腐……1/2丁（150g）
合い挽き肉……180g
白飯……360g（茶碗2杯）
サラダ油……大さじ1
塩・こしょう……各少々
マヨネーズ……小さじ2

A{
ケチャップ……大さじ3強
中濃ソース……大さじ2
醤油……少々
チリパウダー……少々
}

●**作り方**

1 玉ねぎはみじん切りにする。トマトは角切りに、レタスは細切りにする。豆腐は水きりしておく。

2 フライパンにサラダ油を熱し、合い挽き肉、玉ねぎを炒める。火が通ったら豆腐を崩しながら入れる。

3 2に混ぜ合わせた**A**を加えてさっと炒め、塩、こしょうで味をととのえる。

4 器にレタスを盛り、白飯、3、トマトの順にのせ、マヨネーズを細く絞る。

ひじきと豆の玄米サラダ

バルサミコ酢とオリーブオイルのさっぱり仕上げ。
ころころの豆と玄米を使ったヘルシーなサラダです。

●材料 (4人分) 1人分263kcal │ 調理時間15分

玄米ごはん……160g
スイートコーン(ホール缶)……90g
ミックスビーンズ(水煮)……200g
パプリカ(赤)……15g
玉ねぎ……½個(100g)
ひじき(乾燥)……5g

A
┌ オリーブオイル……大さじ3⅓
│ バルサミコ酢……小さじ1
│ 塩……少々
└ 砂糖……ふたつまみ

●作り方

1 玄米ごはんはバットに広げて粗熱を取る。

2 スイートコーン、ミックスビーンズは液ぎりする。パプリカと玉ねぎはみじん切りにし、玉ねぎは水にさらす。ひじきは水で戻し、さっと湯通しして水気をきる。

3 1と2を合わせ、混ぜ合わせたAであえる。

ほうれん草ときのこの
ヨーグルトパスタ

ヨーグルトを使ったクリーミーパスタ。
野菜もたっぷりとれるのが Salad Cafe 流です。

●材料（2人分） 1人分 594kcal ┃ 調理時間 20分

フェットチーネ（乾燥）……140g
ベーコン……2枚(40g)
エリンギ……1本(30g)
ほうれん草……60g
しめじ……½パック(50g)
A ┃ 卵黄……2個
  ┃ プレーンヨーグルト……200g
  ┃ 粉チーズ……大さじ4
オリーブオイル……大さじ1
塩……少々
黒こしょう（粗挽き）……少々

●作り方

1 フェットチーネは塩を加えてゆでる。

2 ベーコンは1cm幅に切り、エリンギは薄切りにする。ほうれん草は食べやすい長さに切る。しめじは石づきを取って小房に分ける。

3 フライパンにオリーブオイルを熱し、2を炒める。

4 3に1とよく混ぜ合わせたAを入れ、さっと混ぜ合わせ、塩で味をととのえる。

5 器に盛り、黒こしょうを振る。

Point

仕上げから食卓まではスピーディーに

卵黄とヨーグルトを使用したソースは火を通すと分離しやすいので、最後の仕上げは手際よく行いましょう。ソースを加えたあとはさっと混ぜ合わせるだけにして、長く加熱しないように気を付けて。味をととのえたら、すぐ盛りつけてめしあがれ！

ツナと水菜の
冷製にんじんパスタ

パスタとあえるだけの手軽さがうれしい！
にんじんドレッシングの甘味が利いたひと品です。

●材料 (2人分) | 1人分 594 kcal | 調理時間 15分

スパゲッティ (乾燥) ……160g
ツナ (缶詰) ……1缶 (70g)
水菜 ……1株 (20g)
にんじんドレッシング ……200g ▶ P.23
塩・こしょう …… 各少々
粉チーズ …… 少々
黒こしょう (粗挽き) …… 少々

●作り方

1 スパゲッティは塩を加えてゆでて冷水でしめ、よく
  水をきっておく。

2 1にドレッシング、油ぎりしたツナを加えて混ぜ合わ
  せ、塩、こしょうで味をととのえる。

3 器に盛り、3cm長さに切った水菜をのせ、粉チーズ、
  黒こしょうを振る。

グリーン野菜の
シーザーサラダ風パスタ

フェットチーネをグリーン野菜と一緒に。
きれいな彩りで見た目もおいしいパスタです。

●材料 (2人分)　1人分 533kcal ｜ 調理時間 25分

フェットチーネ(乾燥) …… 100g
ブロッコリー …… 70g
アスパラガス …… 2本
ひよこ豆(水煮) …… 30g
ベビーリーフ …… 40g
ミニトマト …… 2個
粉チーズ …… 少々

A ┌ シーザーサラダドレッシング …… 100g ▶ P.21
　　├ バジル(乾燥) …… 少々
　　└ 塩・こしょう …… 各少々

●作り方

1　フェットチーネは塩を加えてゆで、温かいうちにボウルに入れ、**A** を絡める。

2　ブロッコリーは小房に分け、アスパラガスは4cm長さに切ってそれぞれ塩ゆでする。

3　器に *1* を盛り、*2*、液ぎりしたひよこ豆、ベビーリーフをのせる。

4　粉チーズを振り、¼に切ったミニトマトをのせる。

ネバネバ冷製パスタ

暑い日でもネバネバ野菜と納豆でツルッと食べられるひと皿。
白だしの上品なうま味に、明太子の辛味がアクセント。

●材料（2人分）

| 1人分 590 kcal | 調理時間 30分 |

スパゲッティ（乾燥）……200g
モロヘイヤ（葉先）……35g
長いも……80g
納豆……1パック（50g）
小ねぎ（小口切り）……少々
きざみ海苔……少々

A
辛子明太子（ほぐす）
　……1腹
水……¾カップ
白だし……大さじ4

●作り方

1　スパゲッティは塩を加えてゆ
　でて流水でしめ、よく水気を
　きっておく。

2　モロヘイヤはゆでてみじん切
　りにする。

3　長いもはすりおろす。

4　ボウルに1、2を入れて混ぜ合
　わせ、器に盛る。

5　3、納豆、小ねぎ、きざみ海苔
　をのせる。

6　Aを混ぜ合わせ、5にかける。

タコとひじきの和風ペペロンチーノ

ペペロンチーノとタコは相性抜群！
食感のよいひじきと辛味のある野菜がおいしさを引き立てます。

●材料（2人分）

| 1人分 715kcal | 調理時間 20分 |

スパゲッティ(乾燥) …… 200g
ひじき(乾燥) …… 10g
ゆでタコ …… 80g
水菜 …… 2株(40g)
かいわれ大根 …… 少々
オリーブオイル …… 大さじ5
にんにく(みじん切り) …… 2片
唐辛子(輪切り) …… 少々
塩・こしょう …… 各少々

●作り方

1 スパゲッティは塩を加えてゆでる（ゆで汁は取っておく）。

2 ひじきは水で戻す。

3 タコはひと口大に、水菜は4cm長さに切り、かいわれ大根は根を切る。

4 フライパンにオリーブオイルを熱し、にんにくを炒める。

5 香りが立ったら、スパゲッティのゆで汁の大さじ5の分量を加えてオリーブオイルとなじませ、*1*、*2*、タコを加えて炒める。

6 唐辛子を入れ、塩、こしょうで味をととのえる。

7 器に盛り、水菜とかいわれ大根を添える。

189

ひじきの冷製スパゲッティ

白滝でパスタをヘルシーにボリュームアップ。
ひじきと野菜もたっぷり入り、食べ応え満点です。

●材料（2人分） | 1人分311kcal | 調理時間30分

鶏肉(むね)……60g
塩……少々

A ┌ 長ねぎ(青い部分)……1本
  │ しょうが……1片
  └ 酒……少々

スパゲッティ(乾燥)……100g
白滝……250g
しめじ……½パック(50g)
ひじき(乾燥)……8g
水菜……2株(40g)
パプリカ(黄)……15g
ミニトマト……4個

B ┌ 和風玉ねぎドレッシング……60g ▶ P.26
  │ めんつゆ(2倍濃縮)……40cc
  └ 水……20cc

●作り方

1 蒸し鶏を作る。鶏肉は塩を振り、**A**を加えた熱湯に入れて中火で10～15分ゆでる。鍋の中で冷ましたら皮を除いてほぐす。

2 スパゲッティは塩を加えてゆでる。白滝はさっとゆでて食べやすい長さに切る。しめじは石づきを取り、ほぐしてさっとゆでる。ひじきは水で戻し、さっと湯通しして水気をきる。

3 *1*と*2*をざっくりと合わせる。

4 器に4cm長さに切った水菜と薄切りにしたパプリカを敷いて*3*を盛る。混ぜ合わせた**B**をかけ、¼に切ったミニトマトを添える。

生ハムとレタスの
パスタサラダ

シーザーサラダドレッシングと相性のよい
生ハムをアクセントにした冷製パスタ。

●材料（2人分） 1人分853kcal ｜ 調理時間25分

スパゲッティ（乾燥）
　……160g
レタス……70g
トマト……1個（150g）
マッシュルーム（生）
　……3個
オリーブ……5個

ミニアスパラガス
　……1パック（50g）
生ハム……12枚（60g）
シーザーサラダ
　ドレッシング
　……150g ▶P.21
クレソン……適宜

●作り方

1 スパゲッティは塩を加えてゆで、流水でしめてよく水
　気をきり、ドレッシングを絡める。

2 レタスは細切り、トマトは1cmの角切りに、マッシュ
　ルームとオリーブは薄切りにする。ミニアスパラガス
　はさっと塩ゆでする。

3 1に2、生ハムを混ぜる。

4 器に盛り、お好みでクレソンを添える。

たっぷりきのこの
パスタサラダ

醤油が利いたマヨネーズでこっくりとした味わいに。
きのこのうま味を楽しめるひと皿です。

●材料（2人分） 1人分260kcal ｜ 調理時間20分

スパゲッティ（乾燥）
　……100g
しいたけ……2個（30g）
えのきたけ
　……1パック（100g）
しめじ……1パック（100g）
マッシュルーム（スライス缶）
　……25g

ゆで卵……1個
　┌ マヨネーズ
　│　……大さじ6
A │ 薄口醤油……大さじ3
　│ オイスターソース
　└　……小さじ1
パセリ（みじん切り）……適宜

●作り方

1 スパゲッティは塩を加えてゆでて流水でしめ、よく水
　気をきっておく。

2 しいたけは石づきを取って薄切りに、えのきたけ、しめじ
　は石づきを取ってほぐす。それぞれゆでて水気をきる。

3 1、2、液ぎりしたマッシュルームを合わせ、よく混ぜ合
　わせたAであえる。器に盛り、みじん切りにしたゆで卵
　をのせ、お好みでパセリを散らす。

秋冬野菜と豚肉の
あんかけ焼きそば

ゆでそばとめんつゆ、秋冬の野菜で和風に仕上げたあんかけそば。
あんでとじることで冷めにくく、寒い季節にぴったりです。

●材料 (2人分) 1人分 672 kcal | 調理時間 20分

豚肉 (薄切り) …… 100g
白菜 …… 1枚 (100g)
まいたけ …… 40g
にんじん …… 20g
長ねぎ …… 40g
れんこん …… 小 1/2 節 (75g)
春菊 (葉先) …… 10g
そば (ゆで) …… 2玉
柚子の皮 …… 少々
ごま油 …… 大さじ2
サラダ油 …… 適量
めんつゆ (2倍濃縮) …… 1カップ
水 …… 1 1/2 カップ
A 　片栗粉 …… 大さじ1
　　水 …… 大さじ1

●作り方

1 豚肉、白菜、まいたけはひと口大に切る。にんじんは
薄い半月切りに、長ねぎは斜め切りにする。れんこん
は1cm厚さの半月切りにし、水にさらす。春菊は食べ
やすい長さに切る。

2 フライパンにごま油を熱し、そばをほぐしながら入れ
て両面に焼きめを付け、器に取り出しておく。

3 同じフライパンにサラダ油を熱して春菊以外の1を
炒め、火が通ったらめんつゆ、水を入れる。

4 3が沸騰したら春菊を入れ、混ぜ合わせたAを加え
てとろみを付ける。

5 2に4をかけ、せん切りにした柚子の皮をのせる。

Point

ごま油で風味と食感をプラス!

焼きそば麺ではなく、日本そばのゆで麺を使って作る和風あんかけ焼きそば。先に
そばだけをごま油でカリッと焼いて焼きめを付けることで、香ばしい仕上がりに。表
面はカリカリでも中はやわらかく、あんが絡んだ具材との一体感もより楽しめます。

あったかポテトクリームソースのおうどん

コンソメの利いたポテトクリームソースはホッとする味。
うどんによく絡み、箸が止まらないおいしさです。

●材料 (2人分)

| 1人分 994kcal | 調理時間 25分 |

じゃがいも …… 中2個(300g)
ブロッコリー …… 90g
ベーコン …… 2枚(40g)
うどん(ゆで) …… 2玉

A
　牛乳 …… 2カップ
　生クリーム …… 1カップ
　コンソメ(顆粒) …… 大さじ1⅓
　塩 …… 小さじ1

黒こしょう(粗挽き) …… 少々

●作り方

1 じゃがいもは皮をむいてゆで、つぶしておく。ブロッコリーは小房に分けて塩ゆでする。

2 ベーコンは1cm幅に切り、からいりする。

3 じゃがいもを鍋に入れ、Aを加えて温める。

4 うどんはざるに入れ、軽くゆがいて温めて水気をきる。

5 4を器に盛って3をかけ、ブロッコリーと2をのせ、黒こしょうをかける。

エスニック風そうめんサラダ

エスニックテイストで、そうめんの新しいおいしさを発見！
スイートチリソースとの絶妙コラボレーション。

●材料 (2人分)

1人分462kcal｜調理時間20分

そうめん …… 4束(200g)
むきエビ …… 12尾(120g)
レタス …… 4枚
きゅうり …… ½本(50g)
トマト …… 30g
クラッシュピーナッツ …… 10g
糸唐辛子 …… 少々

A
スイートチリソース
　…… 大さじ3⅓ ▶P.28
ナンプラー …… 小さじ2
砂糖 …… 小さじ2
水 …… 180cc
鶏ガラスープ(顆粒)
　…… 小さじ1½

パクチー …… 適宜

●作り方

1 そうめんはゆでて流水でしめて水気をきる。エビは塩ゆでする。

2 レタス、きゅうりは細切りにして混ぜ合わせる。

3 トマトは1.5cmの角切りにする。

4 器にそうめんを盛って2をのせ、エビ、トマト、クラッシュピーナッツをのせる。

5 混ぜ合わせたAをかけ、糸唐辛子をのせる。お好みでパクチーを添える。

エビとビーフンの
中華風サラダ

ノンオイルドレッシングでさっと味付け！
パクチーの香りがさわやかなビーフンサラダ。

●材料（2人分） 1人分308kcal ｜ 調理時間15分

ピーマン……1個
にんじん……30g
ヤングコーン（水煮）……5本
ビーフン……75g
むきエビ……12尾(120g)
パクチー……適量
塩・こしょう……各少々
片栗粉……適量
ごま油……大さじ1
ノンオイルドレッシング中華……60g ▶P.25

●作り方

1 ピーマンはヘタと種を除いて細切りに、にんじんは半月切りにする。ヤングコーンは液ぎりして斜め半分に切る。

2 ビーフンはゆでる。

3 エビに塩、こしょう、片栗粉をまぶす。フライパンにごま油を熱してエビを炒め、1を加えてさらに炒める。

4 3に2、ノンオイルドレッシングを加えて軽く炒める。

5 器に盛り、パクチーを散らす。

豚しゃぶそうめんサラダ
~さっぱりごま仕立て~

ごまドレッシングで作る、かけつゆがおいしい!
具だくさんのぶっかけサラダ麺。

●材料 (2人分) | 1人分 1036 kcal | 調理時間 20分

豚肉 (バラしゃぶしゃぶ用) …… 120g
そうめん …… 3束 (150g)
水菜 …… 4株 (80g)
きゅうり …… ½本 (50g)
玉ねぎ …… 60g
ミニトマト …… 6個
小ねぎ (小口切り) …… 少々
酒 …… 少々

A
めんつゆ (2倍濃縮) …… ½カップ
水 …… ½カップ
ごまドレッシング …… 200g ▶ P.27

●作り方

1 豚肉は酒を加えてゆで、色が変わったら水に取って冷やし、ざるにあげておく。

2 そうめんはゆで、流水でしめて水気をきる。

3 水菜は4cm長さに、きゅうりは細切りにする。玉ねぎは薄切りにし、水にさらす。

4 ミニトマトは¼に切る。

5 ボウルにAを混ぜ合わせてそうめんを入れ、ざっくり混ぜてつゆごと器に盛る。

6 水菜、きゅうり、豚肉、玉ねぎの順にのせ、ミニトマトと小ねぎを散らす。

パクチー香る冷やしつけ麺

パクチードレッシングはつけだれにしても美味！
口に広がる豊かな香りがたまりません。

●**材料（2人分）** 1人分 619 kcal ｜ 調理時間 20分

中華麺（生）……2玉
トマト ……½個 (75g)
レタス …… 40g
パクチー …… 20g
焼き豚 …… 60g
ゆで卵 …… 1個
レモン …… 2切れ
フライドオニオン …… 少々
パクチードレッシング …… 160g ▶ P.28

●**作り方**

1 中華麺はゆで、冷水でしめて水気をきる。

2 トマトはくし形切りに、レタスは細切りにする。パク
チーはひと口大に切る。

3 器に 1 を盛る。トマト、薄切りにした焼き豚、半分に
切ったゆで卵、パクチーをのせ、レタス、レモンを添
え、フライドオニオンを散らす。

4 ドレッシングを添え、つけながら食べる。

きゅうり酢の
そうめんサラダ

酢の物風の味付けが暑い夏にぴったり！
きゅうりの清涼感とごまの風味が食欲をそそります。

●**材料（4人分）** 1人分309kcal │ 調理時間20分

そうめん …… 6束(300g)
海藻ミックス(乾燥) …… 4g
きゅうり …… 30g
シラス …… 30g
いりごま(白) …… 少々

A ┃ きゅうり (すりおろし)
┃ …… 1本
┃ 酢 …… 大さじ4
┃ 砂糖 …… 大さじ3⅓
┃ 塩 …… 少々
┃ 白だし …… 大さじ2⅔

●**作り方**

1 そうめんはゆで、流水でしめて水気をきる。

2 海藻ミックスは水で戻す。きゅうりはせん切りにする。

3 混ぜ合わせた**A**で*1*をあえ、器に盛る。

4 海藻ミックス、シラス、きゅうりをのせ、いりごまを振る。

たっぷり野菜と
もずくのそばサラダ

もずくを加えて食感をプラス。
そばの香りがさわやかな和風サラダ麺。

●**材料（2人分）** 1人分462kcal │ 調理時間25分

そば(乾麺) …… 2束(200g)
大根 …… 40g
にんじん …… 20g
サニーレタス …… 5枚
そばの芽 …… 20g

A ┃ 和風ドレッシング
┃ …… 90g ▶P.26
┃ もずく …… 50g
┃ めんつゆ (2倍濃縮)
┃ …… 大さじ1
┃ 水 …… 大さじ1

●**作り方**

1 そばはゆで、流水でしめて水気をきる。

2 大根、にんじんはせん切りにする。サニーレタスは食べやすい大きさに、そばの芽は半分に切る。

3 混ぜ合わせた**A**を*1*と合わせる。

4 サニーレタスを器に敷いて*3*を盛り、大根、にんじん、そばの芽をのせる。

食卓が華やかになる
おもてなしサラダ

Point

隠し味の醤油で
味を引きしめて

オリーブオイル＆塩は、トマトとモッ
ツァレラチーズによく合う組み合わ
せ。少しだけ使う醤油は、角切りにし
たトマトから水分を出し、味を引きしめ
る役割をしています。

薔薇トマトの
ひと口カプレーゼ
ばら

ミニトマトが薔薇の花に早変わり！
見た目も華やかな逸品。

●**材料（4人分）** | 1人分138kcal | 調理時間10分

ミニトマト …… 4個
トマト …… 1個（150g）
モッツァレラチーズ
　 …… 100g
玉ねぎ …… 20g
オリーブオイル …… 大さじ2
醤油 …… 少々
塩・こしょう …… 各少々
バジル …… 適宜

●**作り方**

1　ミニトマトの皮をかつらむきにし、端から巻いて花のように形を作る。

2　トマトは2cmの角切りにする。

3　モッツァレラチーズは食べやすい大きさに切る。玉ねぎはみじん切りにし、水にさらす。

4　2と玉ねぎ、オリーブオイルを混ぜ合わせ、醤油、塩、こしょうで味をととのえる。

5　4を器に盛り、1とモッツァレラチーズをのせ、お好みでバジルを添える。

見映えも味も抜群のサラダが勢ぞろい。
特別な日のテーブルを美しく演出する
「おもてなし」にぴったりなメニューばかりです。

海鮮マリネの
白雪サラダ

キリッと冷えた辛口のお酒にぴったり！
淡雪に包まれた魚介の宝石箱のようなひと皿です。

●材料（4人分） 1人分 127kcal ｜ 調理時間 15分

サーモン（刺身用）……100g	かいわれ大根……20g
マグロ（刺身用）……80g	イクラ……10g
ホタテ貝柱（刺身用）……4個（100g）	柑橘ドレッシング……50g ▶P.20
大根……140g	醤油……適宜

●作り方

1 サーモン、マグロ、ホタテはぶつ切りにして、ドレッシングであえる。

2 大根はおろし、キッチンペーパーを敷いたざるにのせ、自然に水気をきる。かいわれ大根は根を切る。

3 器に1を盛り、2、イクラをのせ、お好みで醤油をかける。

グレープフルーツと
ホタテの柑橘風味

グレープフルーツの酸味でさっぱりと。
白ワインやシャンパンと相性抜群のオードブル！

●材料（4人分） 1人分 113kcal ｜ 調理時間 10分

ホタテ貝柱（刺身用）……10個（250g）	黒こしょう（粗挽き）……少々
グレープフルーツ……20房	柑橘ドレッシング……50g ▶P.20
塩……少々	ライムの皮……適宜

●作り方

1 ホタテは半分の厚さに切る。グレープフルーツは房から実を取り出す。

2 ホタテとグレープフルーツを重ねるように器に盛る。塩、黒こしょうを振ってドレッシングをかけ、お好みでライムの皮をのせる。

ビーツの
ジュリアンサラダ

真っ赤なビーツで華やかに！
テーブルに彩りを添えるカラフルメニュー。

● 材料（4人分） 1人分 49kcal ｜ 調理時間 20分

ビーツ…… 80g
にんじん…… 40g
セロリ…… ¼本（50g）
ラディッシュ
　…… 2個

イタリアンドレッシング
　…… 75g ▶ P.21
イタリアンパセリ
　…… 適宜

● 作り方

1　ビーツは皮をむき、せん切りにしてゆで、流水で
　冷やす。

2　にんじんとセロリはせん切りに、ラディッシュは
　輪切りにし、それぞれ水にさらす。

3　1と2を重ねるように器に盛り、ドレッシングをか
　け、お好みでイタリアンパセリを添える。

ハムのスイートポテト風サラダ
〜さつまいもチップ添え〜

さつまいもの甘味とハムの塩味がよく合う！
見た目もかわいいスイーツ系サラダ。

● 材料（4人分） 1人分 211kcal ｜ 調理時間 40分

さつまいも
　…… 1本（250g）
ロースハム…… 2枚
クリームチーズ…… 30g
くるみ…… 15g
レーズン…… 15g

A
生クリーム
　…… 40cc
塩・こしょう
　…… 各少々
セルフィーユ…… 適宜

● 作り方

1　さつまいもは皮付きのまま両端からそれぞれ1.5
　cm程をチップス用に2mm厚さに切り、素揚げに
　する。残りは丸ごと蒸し、縦に半分に切って中身
　をくり抜いて器を作る。ハムは細切りにする。

2　さつまいもの中身、ハム、クリームチーズ、ロース
　トして粗くくだいたくるみ、レーズンをボウルで
　混ぜ合わせ、Aを加えて混ぜ、味をととのえる。

3　1のさつまいもの器に2をのせ、さつまいもチップ
　ス、お好みでセルフィーユを添える。

かぼちゃの器は
最後のサプライズ演出に

野菜を食べ終わったら、かぼちゃの器にソースを流し込んでもう一度電子レンジでチン！　かぼちゃの実をスプーンですくいながら食べるひと品が完成です。バゲットを添えて、ワインのおつまみにもおすすめ。

丸ごとかぼちゃの温野菜サラダ
～チーズソース～

かぼちゃの器を使ったチーズフォンデュ風のごちそう。
ガーリックの利いたチーズソースを添えてパーティーの主役に！

●材料（4人分）　1人分 274kcal ｜ 調理時間 30分

かぼちゃ …… 小2個(800g)
ウインナー …… 2本
にんじん …… 40g
ブロッコリー …… 60g
しめじ …… ½パック(50g)

A
　シュレッドチーズ …… 72g
　牛乳 …… 大さじ4
　にんにく(すりおろし) …… 小さじ1
　塩・こしょう …… 各少々

パセリ(みじん切り) …… 少々

●作り方

1　かぼちゃは水でぬらしてラップで包み、電子レンジで8分を目安に様子を見ながら加熱し、やわらかくなったら厚めにヘタを落として種とわたを取り除いて器を作る。

2　ウインナーは斜め半分に切り、耐熱の器に入れて電子レンジで20秒加熱する。にんじんとブロッコリーはひと口大に切り、しめじは石づきを取ってほぐし、それぞれ耐熱の器に入れて電子レンジでやわらかくなるまで加熱する。

3　耐熱の器に**A**を入れ、電子レンジで30秒程加熱してからいったん混ぜ合わせ、再度シュレッドチーズが溶けるまで加熱し、ソースを作る。

4　**1**に**2**を入れ、**3**にパセリを振って添える。

ローストチキンの
クリーミーサラダ

ローストチキンと彩りのよい野菜の豪華なサラダ。
クリスマスなどにも活躍するレシピです。

●材料 (4人分) | 1人分254kcal | 調理時間30分

鶏肉(もも) …… 300g
サラダほうれん草
　…… 1束(200g)
紫玉ねぎ …… 40g
パプリカ(黄) …… 60g
ミニトマト …… 4個

塩・こしょう …… 各少々
粉チーズ …… 少々
クリーミー玉ねぎ
　ドレッシング
　…… 40g ▶P.24

●作り方

1 鶏肉は塩、こしょうをして、200℃に予熱してお
　いたオーブンで10〜15分焼き、ひと口大に切
　る。

2 サラダほうれん草は食べやすい長さに切る。紫玉
　ねぎは薄切りにして水にさらす。パプリカは乱切
　り、ミニトマトは半分に切る。

3 1と2を器に盛り、粉チーズとドレッシングをか
　ける。

クレソンと牛しゃぶの
さっぱりサラダ

クレソンと牛肉はサラダでも名コンビ!
なすを入れて食感にアクセントをプラスしました。

●材料 (4人分) | 1人分173kcal | 調理時間25分

牛肉(薄切り) …… 200g
クレソン …… 60g
なす …… 2本(160g)
酒 …… 少々

和風玉ねぎ
　ドレッシング
　…… 70g ▶P.26

●作り方

1 牛肉は酒を加えた熱湯でさっとゆで、ざるにあげ
　て冷ましておく。

2 クレソンは根を切り、5cm長さに切る。

3 なすはオーブントースターで5分程焼き、熱いう
　ちに皮をむいて、ひと口大に切る。

4 1〜3を器に盛り、ドレッシングをかける。

フルーツサラダ・
デザートサラダ

サラダだって、食材次第でデザートに大変身！
ここではフルーツや野菜で作る
デザート向けのサラダを紹介します。
いつもの食卓やティータイム、
パーティーなどで楽しんで。

秋の味覚のデザートサラダ
～マロンクリームソース～

かぼちゃとさつまいもの自然な甘味がうれしいデザートサラダ。
全部つぶさず形を残すことで素材そのもののおいしさを満喫できます。

●材料 (4人分) [1人分448kcal | 調理時間40分]

かぼちゃ …… 230g
さつまいも …… 150g
生クリーム …… 大さじ1⅓
マロンペースト(市販) …… 60g
ホイップクリーム(市販) …… 80g
栗の甘露煮 …… 4粒
A ┌ マヨネーズ …… 大さじ5
  │ 生クリーム …… 大さじ2
  │ 砂糖 …… 小さじ2強
  │ はちみつ …… 小さじ2
  └ レモン汁 …… 少々
セルフィーユ …… 適宜

●作り方

1 かぼちゃ、さつまいもは皮ごとひと口大に切り、竹串がすっと刺さるまで蒸す。

2 *1*の半量をつぶしながら、よく混ぜ合わせた**A**と合わせる。*1*の残りを加え、形を残す程度に混ぜ、器に盛る。

3 生クリームとマロンペーストを混ぜ合わせ、最後にホイップクリームの半量を加えてふんわりと混ぜる。

4 *3*をポリエチレン袋に入れて先端を切って線を描くように*2*にかける。残りのホイップクリーム、半分に切った栗の甘露煮、お好みでセルフィーユをのせる。

Point

1 ペーストにして口当たりよく

かぼちゃとさつまいもは半量をペーストにしてなめらかな口当たりに。ヘラで押しながらつぶすのがコツ。

2 ひと口大カットで素材を楽しむ

全部をペーストにして調味料と混ぜずに、半量をゴロッとしたまま残すことで、さつまいもとかぼちゃの甘味と食感が楽しめます。

3 低い位置からゆっくりと

マロンクリームソースは、できるだけ器に手元を近づけてゆっくりとかけましょう。ポリエチレン袋の切り口は5mm～1cm程、お好みの大きさでOKです。

フルーツピザ風オープンサンド

練乳＆クリームチーズのソースと甘酸っぱいフルーツがマッチ。
モザイクタイルみたいな愛らしさはパーティースイーツにぴったり！

●**材料（4人分）** 1人分204kcal｜調理時間30分

オレンジ……1個
キウイフルーツ……1/2個
いちご……4個
ブルーベリー……8粒
クリームチーズ……60g
練乳……小さじ2
食パン(8枚切り)……4枚
セルフィーユ……適宜

●**作り方**

1 外皮をむいたオレンジ、キウイフルーツ、いちごは輪切りにし、ブルーベリーは半分に切る。

2 室温に戻したクリームチーズと練乳を混ぜ合わせ、食パンに塗る。

3 食パン2枚にオレンジとキウイフルーツを、残りの2枚にいちごとブルーベリーを隙間ができないようにのせる。

4 食パンの耳を落として1/4に切って器に盛り、お好みでセルフィーユを添える。

Point

フルーツは厚みをそろえて切ると見た目がグッときれいに！

フルーツは同じ厚さで切ることで、食パンに並べたときに美しいモザイク状に。また、形を見ながら、隙間なく並べることもポイントです。長方形や三角形など、パンの切り方もいろいろ変えて楽しみましょう。

おいもとフルーツの焼きデザート

ぴょこんと飛び出たさつまいもとフルーツが楽しげ。
ヨーグルト味のさっぱりとした焼き菓子です。

●材料 (4人分) 1人分397kcal | 調理時間30分

さつまいも …… 350g
りんご …… 1個(250g)
バナナ …… 1本(200g)
A [プレーンヨーグルト …… 400g
マヨネーズ …… 大さじ2
はちみつ …… 大さじ1½
砂糖 …… 40g]
バター …… 20g
白ワイン …… 大さじ2
アーモンドスライス …… 少々
シナモンパウダー …… 適宜

●作り方

1 さつまいもは皮ごと1cm厚さのいちょう切りにして
竹串がすっと刺さるまで蒸す。りんごは皮ごとひと
口大に、バナナは皮をむき1cm厚さの輪切りにする。

2 フライパンにバターを熱し、りんご、バナナの順で炒
める。白ワインを加えさらに炒め、冷ます。

3 混ぜ合わせた**A**にさつまいもと**2**を加えて混ぜ、耐
熱の器に入れて200℃に予熱しておいたオーブンで
8〜10分焼く。

4 からいりしたアーモンドスライスを散らし、お好みで
シナモンパウダーを振る。

カラフルトマトのフルーツポンチ

湯むきしたトマトに、はちみつの甘味がしみてフルーツみたい！
サイダーの味がどこか懐かしい、おとなレトロなフルーツポンチ。

●材料 (4人分) 　1人分171kcal 　調理時間20分

ミニトマト(いろいろな種類) ……20個
グレープフルーツ……1個
オレンジ……1個
はちみつ……大さじ6
レモン汁……小さじ1
サイダー……1カップ
セルフィーユ……適宜

●作り方

1 ミニトマトはヘタを取り、5秒程熱湯にくぐらせて冷水に取り、湯むきする。グレープフルーツとオレンジは房から実を取り出す。

2 *1*をポリエチレン袋に入れ、はちみつ、レモン汁と絡めて1時間程漬け込む。

3 器に盛ってサイダーを注ぎ、お好みでセルフィーユを添える。

パンプキンとフルーツのデザートグラタン

フルーツと野菜を甘味や酸味が引き立てあうグラタンに。
はちみつマヨネーズソースが素材の個性をうまくまとめます。

●材料（4人分） 1人分398kcal ｜ 調理時間40分

かぼちゃ …… 250g
さつまいも …… 1/2本（125g）
バナナ …… 1本（200g）
りんご …… 1/4個
オレンジ …… 1/2個
スポンジケーキ（市販）…… 40g
レーズン …… 10g
いちごジャム …… 大さじ4
A ┌ マヨネーズ …… 1/2カップ
　├ はちみつ …… 小さじ4
　└ 牛乳 …… 80cc

●作り方

1 かぼちゃはひと口大に切り、さつまいもは2cmの角切りにし、それぞれ竹串がすっと刺さるまで蒸し、粗熱を取る。

2 バナナは輪切りに、りんごは皮ごといちょう切りにする。オレンジは房から実を取り出す。スポンジケーキは2cmの角切りにする。

3 混ぜ合わせたAと1を合わせ、2、レーズンを加えてざっくり混ぜる。

4 耐熱の器に3を入れ、200℃に予熱しておいたオーブンで10～12分焼き、いちごジャムをかける。

マセドニアサラダ

暑い日にうれしいスペインのフルーツサラダ。
生のオレンジ果汁のやさしい甘味が味の決め手です。

●材料（4人分） | 1人分 167kcal | 調理時間 20分

オレンジ …… 2個
バナナ …… 1本(200g)
りんご …… 1/2個(125g)
キウイフルーツ …… 1個
ぶどう …… 1/3房(100g)
ブルーベリー …… 30g

A［
オレンジ果汁 …… 2個分
砂糖 …… 大さじ4
ブランデー …… 大さじ2
レモン汁 …… 少々
］
ミント …… 適宜

●作り方

1 オレンジは房から実を取り出し、食べやすい大きさに切る。

2 バナナは1cm幅の輪切りに、りんごは皮ごと5mm厚さのいちょう切りにする。キウイフルーツはひと口大に、ぶどうは皮ごと半分に切る。

3 混ぜ合わせたAに、1、2、ブルーベリーを加えて混ぜ、冷蔵庫で1〜2時間冷やす。

4 器に盛り、お好みでミントを添える。

ぶどうとごぼうの
赤ワインコンポート

甘く煮れば、ごぼうもスイーツに！
ほのかな土の香りが赤ワインによく合います。

●材料（4人分） | 1人分 233kcal | 調理時間 25分

ぶどう …… 1房(300g)
ごぼう …… 150g
砂糖 …… 80g
水 …… 2カップ

A［
水 …… 1/4カップ
赤ワイン …… 1カップ
はちみつ …… 大さじ4
］
ミント …… 適宜

●作り方

1 ぶどうは5秒程熱湯にくぐらせて冷水に取り、湯むきする。

2 ごぼうは皮を削いで1.5cm幅のぶつ切りにし、砂糖を加えた水に入れ、10分下ゆでする。

3 Aを鍋に入れて沸騰させ、1と煮汁をきった2を入れて弱火で5分煮る。

4 冷蔵庫で20分以上漬け込む。

5 器に盛り、お好みでミントを添える。

ケーキ風フルーツサラダ

おもてなしのひと品が簡単に完成！
リッチな味わいのクリームとフルーツで贅沢なティータイムを。

●材料（4人分） 1人分251kcal｜調理時間20分

キウイフルーツ……1個
黄桃（缶詰）……80g
いちご……8個
スポンジケーキ（市販）……50g
クリームチーズ……70g
マヨネーズ……大さじ2
砂糖……大さじ2
ホイップクリーム（市販）……50g
ミント……適宜

●作り方

1 キウイフルーツ、黄桃はひと口大に、いちごは半分に切る。

2 スポンジケーキは2cmの角切りにする。

3 クリームチーズは室温に戻し、マヨネーズ、砂糖を入れてクリーム状になるまで混ぜ、ホイップクリームを入れてさらに混ぜ合わせる。

4 器に1〜3を交互に盛り、お好みでミントを添える。

マンゴーとアボカドの
生ハムサラダ

元気になれるビタミンカラーの組み合わせ。
生ハムの塩気がフルーツの甘味を引き立てます。

●**材料（4人分）** 1人分161kcal｜調理時間20分

マンゴー……1個
アボカド……1個
紫玉ねぎ……10g
生ハム……8枚

フレンチドレッシング
　……大さじ4▶ P.20
黒こしょう（粗挽き）……少々
ルッコラ……少々

●**作り方**

1　マンゴー、アボカドは食べやすい大きさに切ってドレッシングであえる。

2　紫玉ねぎはみじん切りにして水にさらす。

3　器に1と生ハムを盛り、2、黒こしょうを散らし、ルッコラをのせる。

トマトとキウイのジュレ仕立て

ジュレの甘味とレモンの酸味が絶妙！
見た目も涼しげなメニューです。

●**材料（4人分）** 1人分106kcal｜調理時間25分

トマト……2個(300g)
レモン……1/2個
キウイフルーツ……1/2個

A　野菜ジュース
　（果汁混合タイプ）
　……60cc
水……90cc
砂糖……大さじ4
ゼラチン（粉）……10g

B　オリーブオイル
　……大さじ1
水……大さじ1
レモン汁……小さじ1/2
酢……大さじ1
塩……小さじ1/2
砂糖……少々
こしょう……少々
セルフィーユ……適宜

●**作り方**

1　Aを鍋に入れて煮立て、火からおろし、ゼラチンを加える。よく混ぜたらバットに移して冷蔵庫で冷やす。

2　トマトは1/8のくし形切りに、レモン、キウイフルーツはいちょう切りにする。

3　1をスプーンで崩し、2と器に盛る。

4　よく混ぜ合わせたBをかけ、お好みでセルフィーユを添える。

フルーツとグラノーラのサラダ
～ヨーグルトドレッシング～

ヨーグルトとグラノーラをたっぷりの野菜、フルーツとともに。
グレープフルーツの酸味がさわやかで、朝の食卓にぴったり。

●材料（4人分） 1人分118kcal｜調理時間10分

グリーンリーフ……7枚
紫玉ねぎ……15g
グレープフルーツ……1個
バナナ……1本(200g)
プルーン(ドライ)……4粒
ベビーリーフ……20g
グラノーラ……30g
ヨーグルトドレッシング……80g ▶P.22

●作り方

1 グリーンリーフは食べやすい大きさに切る。紫玉ねぎは薄切りにして水にさらす。グレープフルーツは房から実を取り出す。バナナは輪切りにし、プルーンは半分に切る。

2 器に*1*、ベビーリーフ、グラノーラを盛り、ドレッシングをかける。

クリーミーパンプキンサラダ

かぼちゃにブルーベリーソースをプラスした
甘くとろけるスイーツサラダです。

●**材料（4人分）** 1人分 415 kcal｜調理時間 25分

かぼちゃ …… 600g
ブルーベリーソース（市販）…… 10g
ホイップクリーム（市販）…… 50g
クラッカー …… 4枚
A ┌ マヨネーズ …… 80g
　│ 生クリーム …… 40g
　│ 砂糖 …… 15g
　│ はちみつ …… 小さじ2
　└ レモン汁 …… 小さじ½
ミント …… 適宜

●**作り方**

1 かぼちゃは皮ごとひと口大に切り、やわらかくなるまで蒸す（電子レンジの場合は12分を目安に加熱）。粗熱を取って、ヘラなどで混ぜて角を崩しておく。

2 Aを混ぜ合わせて1に加え、ざっくり混ぜる。

3 器に盛り、ブルーベリーソースをかける。

4 ホイップクリームを絞り、ひと口大に割ったクラッカーをのせ、お好みでミントを添える。

ミニトマトと果実の
りんご酢マリネ

りんご酢のフルーティーな香りに
果実の甘味が加わったカラフルなサラダ。

●材料（4人分） 1人分104kcal ｜ 調理時間15分

ミニトマト …… 10個		りんご酢 …… 大さじ8
オレンジ …… 1個	A	はちみつ …… 大さじ3
キウイフルーツ …… 1個		水 …… 80cc
りんご …… ½個(125g)		

●作り方

1　ミニトマトはヘタを取り、5秒程熱湯にくぐらせて冷水に取り、湯むきする。オレンジは房から実を取り出し、ひと口大に切る。

2　キウイフルーツは厚めのいちょう切りに、りんごは皮ごと厚めのいちょう切りにする。

3　よく混ぜ合わせた**A**、**1**、**2**を合わせ、冷蔵庫で1時間漬け込む。

柿と春菊のクリームチーズ白あえ

クリームチーズと柿でフルーティーな白あえに。
春菊のシャキシャキ食感がよいアクセントです。

●材料（4人分） 1人分84kcal ｜ 調理時間10分

クリームチーズ …… 70g	塩・こしょう …… 各少々
柿 …… ½個	ピンクペッパー …… 適宜
春菊(葉先) …… 40g	
木綿豆腐 …… 45g	

●作り方

1　クリームチーズは室温に戻しておく。柿は皮をむいて細切りにし、春菊は食べやすい長さに切る。

2　クリームチーズと水きりした豆腐を混ぜ合わせる。

3　柿、春菊を**2**であえ、塩、こしょうで味をととのえる。

4　器に盛り、お好みでピンクペッパーを散らす。

プロが教える
サラダのコツ

せっかくサラダを作るなら
よりおいしくて、見映えもよくしたいもの。
ここでは素材選びから盛りつけまで、
おうちサラダがワンランクアップする
プロのテクニックをご紹介します。

食材のコツ

サラダの主役といえば、なんといっても新鮮な野菜。
野菜の旬や鮮度の見分け方など、食材選びのポイントをご紹介します。

コツ1 旬の野菜・果物を選ぶ

旬の野菜を使えば、季節感も感じられるおいしいサラダが楽しめます。

春 新物の季節

- ☑ 新玉ねぎ
- ☑ たけのこ
- ☑ 新じゃが
- ☑ アスパラガス
- ☑ 春キャベツ
- ☑ グリーンピース
- ☑ 菜の花
- ☑ そら豆
- など

夏 果菜が旬を迎える

- ☑ トマト
- ☑ パプリカ
- ☑ きゅうり
- ☑ ゴーヤー
- ☑ なす
- ☑ ズッキーニ
- ☑ ピーマン
- ☑ オクラ
- など

秋 根菜・きのこがおいしい

- ☑ にんじん
- ☑ じゃがいも
- ☑ ごぼう
- ☑ 里いも
- ☑ かぼちゃ
- ☑ きのこ類
- ☑ さつまいも
- など

冬 葉野菜・花野菜の出番

- ☑ 白菜
- ☑ カリフラワー
- ☑ ほうれん草
- ☑ れんこん
- ☑ 長ねぎ
- ☑ 水菜
- ☑ ブロッコリー
- ☑ かぶ
- など

コツ2 鮮度をチェックする

目利きのポイントを押さえて、より新鮮な野菜を選びましょう。

[果菜]

トマト

ヘタをさわると痛いほどピンとかたいものが新鮮です。鮮度が落ちるとヘタが黒っぽく退色し、しなびてきます。

きゅうり

太さが均一で皮に張り・ツヤがあり、全体が鮮やかな緑色のものをチョイス。トゲがかたいこともポイントです。

ピーマン・パプリカ

張り・ツヤがあり、しなびていないものを。また、ヘタの切り口が黒っぽく変色していない、きれいなものを選んで。

［ 葉茎菜 ］

レタス・白菜

ずっしり重く、芯の切り口が変色していないものが新鮮。鮮度が落ちると、レタスの芯は赤茶に、白菜は黒く変色し出します。

キャベツ

葉が隙間なく詰まり、断面が盛り上がっていないものを。春キャベツは葉がふんわり巻いているものなので、隙間があってもOK。

水菜

茎が白くて張りがあり、まっすぐ伸びているもの、葉先がピンと立って鮮やかな緑色をしているものを選びます。

セロリ

葉は鮮やかな緑、茎は肉厚で白く、切り口が変色していないものを。筋目がはっきりしているのも良品の目安。

ほうれん草

葉は肉厚で両面が濃い緑か、茎はまっすぐで張りがあるかを確認。根元がピンク色だと甘味があり、おすすめです。

春菊

葉先までしっかりと張りのある濃い緑色のものを選びます。茎は太すぎない方がやわらかいです。

長ねぎ

太さが均一でまっすぐ伸びて、白と緑のコントラストがはっきりしており、白い部分はかたく締まっているものが◎。

玉ねぎ

皮に傷がないものを選んで。きれいな球形で、頭や根元がかたく、しっかりしたものが良質です。

アスパラガス

穂先がかたく締まり、まっすぐで太く、根元まで鮮やかな緑色のものをチョイス。切り口がみずみずしく、変色していないかも確認を。

ブロッコリー・カリフラワー

つぼみが閉じていて鮮やかな緑色のものが新鮮。黄色や紫色がかったものは花が咲き始めており、味も落ちます。

［根菜］

にんじん

全体が鮮やかな濃いオレンジでシワが
なく、軸の断面が黒ずんでいないもの
を選びましょう。

さつまいも

丸く、太く、ずっしりとした重さがあり、
かつ皮の色が均一でひげ根が少ないも
のをチョイスして。

じゃがいも

皮に張りがあり、なめらかで丸みのある
ものを選びましょう。シワがある、発芽
している、緑がかっているものは×。

大根

まっすぐ伸びて丸みがあり、ひげ根の
少ないものが、水分も多く、苦味やえぐ
味が少ないとされています。

れんこん

皮にツヤがあり黒ずんでいないか、丸く
太いかチェック。カットのものは、穴が
白く、均一な大きさなのかも確認して。

ごぼう

切り口にス（空洞）がなく、太すぎず細
すぎない先端までまっすぐなものを。
土付きだと保存が利きます。

［果物］

いちご

ヘタが濃い緑で、ピンと反り返ってい
るものが◎。実はツヤがあり、ヘタ付近
まで赤いものが食べ頃です。

オレンジ

濃くて鮮やかなオレンジ色をしたもの
がベスト。同じ大きさでも、持ったとき
に重みがある方が果汁も多いです。

キウイフルーツ

毛が均等に生えているものを選びま
しょう。食べ頃は、持ったときに皮に弾
力があるものです。

りんご

軸が太くしなびておらず、重み
があるものを。ツヤは天然のワックス
で、食べ頃のサインです。

アボカド

濃緑〜黒みがかった色で、適度
な弾力があると◎。

［きのこ］

傘の裏側がきれいな白色で、ひだがしっかりしてい
るものを。また、傘がキュッと締まっているものを選
びましょう。

鮮度を落とさず保存する

それぞれの野菜に合う最適な保存方法で、味も鮮度も長持ちします。

地上に生える野菜は 野菜室に立てて入れる

ほうれん草、アスパラガスなどは、芯や根元を下にして立てて保存すると、野菜にストレスがかからず長持ちします。

白菜は芯の部分を できるだけ削ぎ落としておく

使いかけの白菜は葉の成長を止めるため、芯の部分を切り落としてラップで包み、野菜室に立てて入れましょう。

じゃがいもは新聞紙で包み 通気性のよい冷暗所へ

じゃがいもの保存は遮光・通気性のよさ・冷温が大事。新聞紙などでくるんで、涼しくて暗い、通気性のよい場所で保存します。

寒さに弱い野菜は 新聞紙で冷気から守る

きゅうりなどの夏野菜は寒さに弱く、温度が低すぎると色や味が落ちてしまいます。新聞紙で包んで野菜室に入れて保存を。

根菜は葉を 切り落としてから保存

かぶなどの根菜は、葉が残っていると実の栄養が取られてしまいます。実には包丁を入れず、葉の根元ギリギリの位置で切りましょう。

かぼちゃはわたを取り ラップで包む

カットしたかぼちゃは、わたの部分から傷んでいきます。わたをしっかりくり抜いてラップをし、野菜室で保存します。

大葉や木の芽はぬらした キッチンペーパーに包む

乾燥しやすい大葉や木の芽は、ぬらしてかたく絞ったキッチンペーパーに包んでから野菜室に入れると、鮮度が長持ちします。

きのこは洗わず 保存袋に入れる

きのこの保存は、買ってすぐはパックのままが◎。使いかけは、キッチンペーパーで軽く包んで保存袋に入れて野菜室へ。

なるべく
新鮮なうちに
使い切りましょう

調理の コツ

味はもちろん見映えにも大きく差が出る下ごしらえ。
皮むき、切り方、華やかな器の作り方までプロの技を伝授します。

コツ **1** 皮むきじょうずになる

きれいに簡単に皮がむければ、仕上がりがきれいなサラダになります。

じゃがいも

じゃがいもの芽には天然の毒素があるため、全体の皮をピーラーでむいてから、包丁の角を使って芽を取りましょう。

大根

大根は皮の近くがかたいので、生で食べる場合は断面の白い筋を目安に厚めにむいて。

にんにく

にんにくの薄皮はくっついてむきにくいもの。ぬるま湯に5〜10分つけると、芽まで一緒にスルッと取れます。

しょうが

でこぼこした形のしょうがは、スプーンの角でこそげるように皮むきを。突起の根元まできれいにむけてムダなし！

オレンジ・グレープフルーツ

包丁で外皮を白い皮ごとむき、薄皮と実の間に中心まで包丁を入れると、ひと房ずつきれいに取り出せます。

ミニトマト

ヘタを取り、沸騰したお湯に入れて数回転がし、すぐに冷水に取ります。ヘタ側からむくときれいに皮がむけます。

かぶ

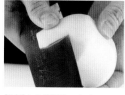

根側から葉側へ向かってかぶの丸みに沿って皮をむき、対角の皮を同様にむきます。

アスパラガス

かたい根元は、まな板の上で回しながらピーラーで皮をむきます。穂先側から根元へ刃を動かしましょう。

アボカド

半分に切って種を取り、先に使いたい大きさにくし形切りにしてから皮をむくと、形も崩れず、きれいに仕上がります。

コツ 2 繊維を意識してカットする

繊維を断つか残すかで食感が変化します。用途に合わせて使い分けを。

[繊維を切る]

玉ねぎ

煮込み料理やスープに使う玉ねぎは繊維をカット。辛味やうま味が出やすく、歯ざわりもなめらかになります。

白菜

白菜は葉脈が太いので、生で食べるなら繊維を切るようにせん切りに。かたい部分も食べやすくなります。

長いも

焼いてホクホク感を楽しむなら繊維を切って半月切りなどに。ねばり気を出すときは、たたくかすりおろします。

[繊維に沿う・残す]

玉ねぎ

生で食べるサラダ用は、繊維に沿ってカット。繊維をいかし、さらに水にさらすことでシャキシャキとした食感に！

白菜

白菜を加熱するときは、葉が薄くクタクタになりやすいので葉脈の繊維を残します。芯の部分は薄く削ぎ切りに。

長いも

生でサラダにするなら繊維に沿って切り、シャキシャキとした食感を残します。細切りや短冊切りにして。

コツ 3 色・食感を引き立たせる

ほんのひと手間加えることで、色も味もワンランクアップ！

◆ **軽く水にさらして冷蔵室に入れておくとシャキシャキに**
　生で食べる葉野菜や根菜は、切ったら軽く水にさらして冷蔵室へ。張りが出て、見た目も食感もよくなります。

◆ **緑の野菜は少し塩を入れてゆでると鮮やかさがアップ**
　ほうれん草やブロッコリーなど、緑色の野菜はひとつまみの塩を加えてゆでると葉緑素が鮮やかに出てきれいな緑色に。

塩あり　　塩なし

◆ **ゆでたあとはさっと冷やして"色止め"を**
　ゆでてすぐ冷水で冷やす「色止め」できれいな緑をキープ！　ただし、マリネなどは味がしみやすいよう熱いまま漬け込みます。

ゆでてすぐ冷やすと緑の鮮やかさが長持ち。　水に取らず自然冷却すると色が沈みがち。

コツ**4** 野菜で器を作る

野菜の形をいかして器にすれば、特別感のあるおしゃれなひと品に。

かぼちゃのボウル

少し厚めにヘタを切り落とします。最初に電子レンジで丸ごと加熱しておくと、切りやすくなっておすすめ。

実とわたの間にぐるりとナイフで切り込みを入れます。

スプーンで種とわたを取り出します。薄い種も残さないよう、しっかりときれいに取ったら完成！

なすボート

少し厚めに皮を残すようにしながら、ナイフで1周切り込みを入れます。皮を破らないように注意して。

切り込みからスプーンを入れ、実を取り出します。実を浮かせるようにスプーンを動かすと、きれいに取れます。

トマトカップ

トマトのヘタを少し厚めに切り落とします。厚めに落とすことで器の口が広くなり、中身も出しやすくなります。

スプーンで中身を取り出します。形を崩さないように、スプーンで種と果肉の間を1周してから、やさしく取りましょう。

ちょいワザ 華やかカットでサラダをドレスアップ

ちょっとしたひと手間で見た目がよくなる技アリカットを伝授！

花びら形に切る

丸く並べると花のようでかわいい♪

くし形に切ったトマトの皮を端から1/3程むく。

むいた皮を斜めに切って花びららしさを出す。

包丁の刃でやさしくしごき、くるんと反らせる。

蛇腹切り

切れ目を広げて蛇腹の完成！味しみもGood

ズッキーニの両端を切り落とす。

切り落としを防ぐため両側に割り箸を置く。

1〜2mm間隔に切れ目を入れ、1.5〜2cm幅に切る。

味付け のコツ

素材をいかす味付けやドレッシングを合わせるタイミング、トッピングの選び方まで。"おいしい！"の秘訣を教えます。

コツ1 味を引き立たせる調味料を使う

野菜の持ち味を引き出す味付けを覚えればアレンジも自由自在！

甘味のある野菜

- ☑ さつまいも
- ☑ かぼちゃ
- ☑ にんじん
- ☑ トマト
- ☑ スイートコーン　など

塩味の立つものをプラスすると、対比効果で甘味がより引き立ちます。また、クリーム系ドレッシングなどもおすすめです。

辛味のある野菜

- ☑ 玉ねぎ
- ☑ 大根
- ☑ わさび菜
- ☑ からし菜
- ☑ マスタードグリーン　など

酢や柑橘の酸味を合わせると、辛味をいかしながらもまろやかに。この他、甘味のあるクリーム系ドレッシングもよく合います。

苦味のある野菜

- ☑ ピーマン
- ☑ ゴーヤー
- ☑ 菜の花
- ☑ クレソン
- ☑ エンダイブ　など

砂糖や塩の他、昆布やかつお節などのうま味の強いものは、苦味をやわらげつつおいしさを引き立てます。酸味の強い柑橘系ドレッシングも◎。

コツ2 仕上げのタイミングに注意する

ベストなタイミングを意識して、サラダをおいしく仕上げましょう。

葉野菜や豆腐などを使った水気が出やすいサラダには……

かける

- ・和風シーザーサラダ ▶P.46
- ・韓国風ピリ辛豆腐サラダ ▶P.54
- ・エビとアボカドのスパイシーサラダ ▶P.86

など

食べる直前にドレッシングをかける

シャキシャキとした食感を楽しむ葉野菜中心のサラダは、ドレッシングをかけるのが早すぎると野菜の水分が出て味が薄まり、見た目も食感も悪くなります。下ごしらえでも野菜の水気はしっかりきり、ドレッシングは食べる直前でかけましょう。

ポテトサラダやマリネなど、作ってから少しねかせるサラダには……

なじませる

- ・野菜たっぷりポテトサラダ ▶P.10
- ・かぼちゃのパプリカマリネ ▶P.98
- ・揚げなすの中華サラダ ▶P.104

など

食卓に出す1〜2時間前になじませる

冷蔵庫に入れて漬け込んだり、味をなじませるタイプのサラダは、時間をおくことで食材に味がしみ込み、よりいっそうおいしくなります。食卓に出す1〜2時間前に作っておいて、ドレッシングをじっくりなじませて。

コツ 3 トッピングを効果的に使う

少し足すだけでいちだんとおいしくなるトッピングの数々をご紹介。

[ハーブ・スパイス]

イタリアンパセリ
苦味が少なく葉がやわらか。シンプルなサラダの風味付けにおすすめ。

ディル
香りがさわやかで、魚介やポテトサラダ、マリネと相性抜群。

ミント
清涼感が一番の特徴。デザート系サラダなどのアクセントに。

バジル
さっぱりとした芳しい香りで、トマトやチーズのサラダにぴったり。

セルフィーユ
葉がやわらかく、前菜からデザートまで、さまざまな料理と合います。

パクチー
パンチのある独特の強い風味。アジア系のメニューに添えて。

パセリ
苦味や香りを加えてくれ、幅広い料理で風味付けやアクセントに使えます。

シナモン
甘い香りとスパイシーさが魅力。りんごやかぼちゃなど甘味がある素材に◎。

唐辛子
輪切り（左）や糸唐辛子（右）があり、刺激的な辛味がエスニック、中華系のサラダによく合います。

[ナッツ]
香ばしさ、食感、うま味をプラスし、満足感もアップ。使う種類はお好みでOKです。

[その他]

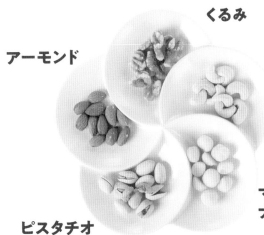

アーモンド
くるみ
カシューナッツ
ピスタチオ
マカダミアナッツ

粉チーズ
コクや風味をプラスしてくれます。隠し味にもぴったり。

小ねぎ
食感、香りがやわらかく、生でも加熱しても美味。彩りや薬味に。

いりごま
食感をいかすときはそのまま、香りをいかすときはすりごままで。

229

同じサラダでも、盛りつけ方ひとつで印象がガラリと変化。
デパ地下で目を引く華やかな盛りつけのコツを大公開!

コツ1 　配色を意識する

食材による多彩な色の配置が、おしゃれなサラダにする第一のポイント。

色の対比効果を
利用する

ほうれん草の緑とトマトの赤、卵の黄色と紫キャベツの紫というように、反対色となるような食材を組み合わせると鮮やかさが引き立ちます。食材をカットした中身の色も含めて意識してみて。

カラフルなサラダは
色を散らす

食材の色数が多いサラダでも、色ごとにまとめて盛ると地味に見えてしまうことも。ポーションにして規則正しく散らしたり、ざっと混ぜてからアクセントカラーを全体に見せたりすると◎。

トッピングで
差し色を添える

淡い色、黒っぽい色などのシンプルな配色のサラダには、トッピングで差し色をプラス。葉野菜の緑、唐辛子の赤、ナッツの茶色などを添えると、色が引きしまって見映えがよくなります。

コツ2　ふわっと盛りつける

空気を含ませながら盛ることで、高さも出てきれいな仕上がりに。

ふんわり盛りのコツ

大きなものを下にして、空気を含ませるようにふんわりと、バランスよく盛ります。かさが出ないサラダはトッピングで高さを出して。

同じ食材を使ったサラダでも、器の中にギュッと押し込んでしまうと、華やかさに欠けてしまい、きゅうくつで寂しい印象に……。

ちょいワザ　ポリエチレン袋の便利な活用術

サラダ作りで役立つポリエチレン袋の使い方をご紹介。

ミックス野菜を作る

葉野菜や細切りにした野菜を、空気を含ませた袋に入れて振ると、食材がバランスよく混ざり、ふんわりと仕上がります。

味をなじませる

マリネは、ポリエチレン袋でマリネ液を作り、さらにそこへ素材を入れてもんでおくだけでOK。洗い物も減って一石二鳥。

ドレッシングを細く出す

袋の端を切れば、絞り袋に早変わり！　カルパッチョなどにドレッシングを細く線状にかけたいときにもポリエチレン袋が便利です。

規則性を意識して並びや形を整える

サラダに合わせた盛り方の工夫で、華やかサラダにランクアップ!

ミルフィーユ状に重ねる

具をはさむことで
高さを出せ、
野菜と一緒に
取りやすくなります

食材を色ごとに分けて用意。
キャベツなど、外側と内側で
色味がちがう野菜はあらかじ
め分けておきましょう。

器にキャベツを敷いて、1段
目を作ります。淡い色または
濃い色、どちらの色味から始
めてもOKです。

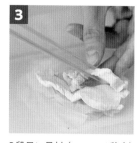

2段目に具材 (ここでは鶏肉)
を並べます。格子状になるよ
うに、1段目とは垂直に置き
ましょう。

3段目は、1段目とちがう色の
キャベツを2段目に対して垂
直に。これを繰り返し、キャベ
ツと具材を重ねていきます。

ポーションを作る

見た目も
おしゃれで、
取り分けやすい！

最初にグリーンリーフなどの
葉野菜を敷きます。葉野菜が
仕切りがわりになり、取り分
けやすくなります。

ボウル状の器に、サラダを詰
めてひっくり返し、均一な大
きさのポーションを作りま
す。

エビなど、彩りのよい大きめ
の具材は、見えるようにポー
ションの上にのせて華やかさ
を演出。

全体のバランスを見ながら、
粒状のものや差し色になるも
のなどを散らして完成です！

幾何学的に並べる

1

同じ形の食材が2色あるときは、均一な幅でずらしながら重ねて、下に敷かれた食材の色が見えるように並べます。

2

端をそろえながら置いていくと、まっすぐ並んできれいに。トッピングを散らすとより華やか！

円形に並べても
おしゃれ

具を中央から
のせて
左右対称に

動きを付ける

細長いものはぴょこんと飛び出るように立てると動きが出ます。具材の隙間に挿すように盛るのがコツ。

ブロッコリーなどの花野菜や半月切りにした野菜でも応用できます。立てて盛るだけで、いつもとガラリと変わった印象に。

立体的な色の層を作る

具材の色が複数あるときは、それぞれを引き立てあう配置に。濃い色をはさむように淡い色を置くとメリハリが出ます。

色数が少ないサラダの場合には、グラデーションを意識して重ねると鮮やかさがアップします。

おうちで作る!! デパ地下の味

Salad Cafeのとっておきサラダ
ベストセレクション

2021年5月20日　初版発行

レシピ制作	ケンコーマヨネーズ株式会社
デザイン	月島奈々子、宮代佑子(株式会社フレーズ)
DTP	株式会社RUHIA
編集協力	舟橋 愛(able-fool株式会社)
スタイリング	浜岡優子(ケンコーマヨネーズ株式会社)
	鈴木理乃
撮影	高橋宣仁(株式会社ヒゲ企画)
カロリー計算	市岡莉奈、田中真依子(ケンコーマヨネーズ株式会社)
印刷・製本	株式会社シナノ
発行者	近藤和弘
発行所	東京書店株式会社
	〒113-0034
	東京都文京区湯島3-12-1　ADEX BLDG. 2F
	TEL:03-6284-4005　FAX:03-6284-4006
	http://www.tokyoshoten.net

ISBN 978-4-88574-589-8　C2077

◎本書は2012年発行『Salad Cafeのとっておきサラダレシピ』『Salad Cafe
のごちそう! 温野菜サラダ』(弊社刊)より厳選したレシピに、新たなレシピ
を多数加えて再編集したものです。